ケースでわかる
retail bussiness ● whole sale ● merchandising ●
流通業の知識

寺嶋 正尚 著

産業能率大学出版部

はじめに

　「先生の授業を聞いて、就職活動は小売業を第一希望にしました」「卸売業に就職してリテール・サポートの専門家になりたいです」「物流がこんなに面白いとは思いませんでした」…。毎年、流通や物流に関する授業をしていますと、少なからぬ学生からこのような声を頂きます。

　また私は大学で2年生から4年生までのゼミも担当しています。最初学生の多くは、金融、広告、エンターテイメントなど、華やかな業界を目指します。もちろんこれらの業界は素晴らしい業界です。しかしその一方で、流通業に対しては、「小売業は土日休みじゃないし…」「小売は給料安いし…」「何も大学まで来て小売業で働くのは嫌だし…」などという声をたびたび耳にします。

　これは本当にもったいない話です。流通業は、皆さんが一生かけて仕事をするに十分値する素晴らしい業界です。消費者に近く、ダイナミックな変化が日々感じられるエキサイティングな世界です。私はかれこれ20年近く、流通業に関する研究や業界における活動を行ってきましたが、知れば知るほどこの業界の虜になりつつあります。

　さらにこれからの時代を考えると、ますますその可能性の大きさを感じずにはいられません。流通業は消費者（生活者）に非常に近いところに位置し、ビッグデータを手にしています。近い将来、生産のあり方、金融のあり方、保険のあり方など、多くのことを消費者起点や流通業起点で考える時代になることでしょう。今後、流通業に寄せられる期待は日増しに高まり、消費者に密着した生活総合産業として、重要なポジションを占めていくものと思われます。

　こうした認識をもとに流通業の魅力や可能性について執筆したのが本書です。流通論やマーケティングを学ぶ大学学部生、大学院生、そして流通業（小売業、卸売業、物流業）、メーカーなどで働く新入社員や中堅社員の方々などを対象に執筆しました。流通に関する知識をなんら持ち合わせていない方々で

はじめに

あっても十分ご理解頂けるよう、平易な言葉で記述するよう心がけました。それでいながら、類書ではあまり扱われていない、カテゴリーマネジメント、インストアマーチャンダイジングなど、最新の理論までカバーする構成にしました。筆者が日本商工会議所の販売士検定試験アドバイザーを務めていることから、販売士試験のテキスト内容との整合性にも配慮致しました。

　また各章の頭では、ぜひ考えてみたいケースを載せました。そのケースをそのまま理解するのではなく、ケースの奥底にある事情に思いをはせながら、流通に関する勉強の奥の深さ、楽しさを味わって頂けたらと思います。

　本書の構成ですが、前半は流通業の経営戦略やマーケティング戦略を考えていくうえで必要な基礎知識や分析手法について整理しました。
　そして続いて、小売業の政策として、出店政策、商品政策、プロモーション政策、売り場政策、顧客政策、物流政策、情報政策、組織戦略及びオペレーション、について個別・具体的に整理しました。さらに卸売業・物流業についても考察を加えました。どの場所からお読み頂いてもお分かり頂けるように、章ごとに完結する構成にしてあります。
　また最終章では、これから流通業に進まれる方、今現在流通業で働いている方を対象に、どのような勉強をしたらよいか、今後どのような力をつけていったらよいか、具体的に記しました。

　この本をお読みになられた方々が、流通業をますます好きになり、そして流通業に進みたいと思う若者がたくさん出てくること、流通業に進まれた方々が今以上の誇りを持ってお仕事をされることを心より祈念致しつつ…。

ケースでわかる　流通業の知識

第1章　流通とは何か　001

1 ケースで見る流通 その1 ……… 002
2 消費と生産のギャップ………… 004
3 流通機能………………………… 006
4 日本の流通構造………………… 008
5 流通業が扱う商品……………… 010
ケースで見る流通その1を掘り下げると… ..012

第2章　業種別流通経路　013

1 ケースで見る流通 その2 ……… 014
2 流通経路・流通システムとは何か
……………………………………… 016
3 食品の流通経路………………… 018
4 医薬品・化粧品の流通経路…… 020
5 衣料品の流通経路……………… 022
ケースで見る流通その2を掘り下げると… ..024

第3章　流通業を取巻く環境変化　025

1 ケースで見る流通 その3 ……… 026
2 PEST分析 ……………………… 028
3 ファイブフォース分析………… 030
4 3C分析 ………………………… 032
5 SWOT分析……………………… 034
ケースで見る流通その3を掘り下げると… ..036

第4章　流通業の戦略　037

1 ケースで見る流通 その4 ……… 038
2 流通業とは何か？
　業種・業態とは？……………… 040
3 流通業とメーカーの戦略の違い
……………………………………… 042
4 販売志向とマーケティング志向
……………………………………… 044
5 経営戦略とマーケティング戦略
……………………………………… 046
ケースで見る流通その4を掘り下げると… ..048

第5章　取引制度の基礎　049

1 ケースで見る流通 その5 ……… 050
2 取引制度と取引慣行…………… 052
3 わが国の取引制度の特徴……… 054
4 建値制度の構造………………… 056
5 取引制度が流通業の戦略に
　与える影響……………………… 058
ケースで見る流通その5を掘り下げると… ..060

第6章　小売業とは何か　061

1 ケースで見る流通 その6 ……… 06
2 流通チャネルにおける小売業の
　位置付け………………………… 064

iii

CONTENTS

3 小売業の店舗形態 ………………… 066
4 決算書の見方 ……………………… 068
5 主要な経営指標 …………………… 070
ケースで見る流通その6を掘り下げると… ..072

第7章 店舗形態　073

1 ケースで見る流通 その7 ……… 074
2 総合品揃えスーパー・スーパーマーケット・ドラッグストア ……… 076
3 百貨店 ……………………………… 078
4 コンビニエンスストア …………… 080
5 専門店 ……………………………… 082
ケースで見る流通その7を掘り下げると… ..084

第8章 出店政策　085

1 ケースで見る流通 その8 ……… 086
2 商圏とは何か ……………………… 088
3 商圏の範囲の測定 ………………… 090
4 立地の選定 ………………………… 092
5 まちづくり3法 …………………… 094
ケースで見る流通その8を掘り下げると… ..096

第9章 マーチャンダイジング政策　097

1 ケースで見る流通 その9 ……… 098
2 マーチャンダイジング・サイクル ……………………………… 100

3 カテゴリー・マネジメント ……… 102
4 商品とは何か ……………………… 104
5 製品（商品）ライフサイクル …… 106
ケースで見る流通その9を掘り下げると… ..108

第10章 価格政策　109

1 ケースで見る流通 その10 …… 110
2 価格政策とは何か ………………… 112
3 売価政策 …………………………… 114
4 プライスゾーン、プライスライン、プライスポイント ……………… 116
5 メーカーの取引制度との関連 …… 118
ケースで見る流通その10を掘り下げると… ..120

第11章 プロモーション政策　121

1 ケースで見る流通 その11 …… 122
2 インストアマーチャンダイジンの体系 ……………………………… 124
3 広告・チラシ ……………………… 126
4 ダイレクトメール（DM） ……… 127
5 ポイント …………………………… 128
6 エンド ……………………………… 129
7 POP ………………………………… 130
8 デモ販 ……………………………… 131
ケースで見る流通その11を掘り下げると… ..132

第12章 売り場政策　133

1 ケースで見る流通 その12 …… 134
2 売り場政策の体系 …………… 136
3 フロアレイアウト …………… 138
4 プラノグラム ………………… 140
5 フェイシング ………………… 142
ケースで見る流通その12を掘り下げると… 144

第13章 顧客政策　145

1 ケースで見る流通 その13 …… 146
2 顧客満足とは何か …………… 148
3 マス・マーケティングと市場細分化
  ……………………………… 150
4 FSPの概要及び実施のための準備
  ……………………………… 152
5 顧客の分類 …………………… 154
ケースで見る流通その13を掘り下げると… 156

第14章 物流政策　157

1 ケースで見る流通 その14 …… 158
2 小売業の物流の基本的な流れ … 160
3 発注 …………………………… 162
4 在庫管理 ……………………… 164
5 商品補充 ……………………… 166
ケースで見る流通その14を掘り下げると… 168

第15章 情報政策　169

1 ケースで見る流通 その15 …… 170
2 販売に関する情報システム …… 172
3 発注に関する情報システム …… 174
4 物流に関する情報システム …… 176
5 小売業-顧客間の情報システム … 178
ケースで見る流通その15を掘り下げると… 180

第16章 組織およびオペレーション　181

1 ケースで見る流通 その16 …… 182
2 流通業の組織 ………………… 184
3 レイバー・スケジューリング・プログラム
  ……………………………… 186
4 日々の業務 …………………… 188
5 カイゼン ……………………… 190
ケースで見る流通その16を掘り下げると… 192

第17章 卸売業・物流業の見方　193

1 ケースで見る流通 その17 …… 194
2 流通チャネルにおける
  卸売業・物流業の位置付け …… 196
3 卸売業の事業形態・機能 …… 198
4 物流業の事業形態 …………… 200
5 取引総数単純化の原理・集中貯蔵の原理
  ……………………………… 202

CONTENTS

ケースで見る流通その17を掘り下げると…・ 204

第18章 サプライチェーン・マネジメント　205

1 ケースで見る流通 その18 ……… 206
2 サプライチェーン・マネジメントとは何か …………………… 208
3 SCMの代表的な取組み ………… 210
4 小売業起点のSCM ……………… 212
5 SCMに関連する協議会など …… 214
ケースで見る流通その18を掘り下げると… 216

第19章 これからの流通業　217

1 ケースで見る流通 その19 ……… 218
2 スーパーマーケット協会のアンケート調査 ………………… 220
3 キーワード1 ——
　グループ化・系列化の進展 …… 221
4 キーワード2 ——
　小売業とメーカーの直接取引の進展
　…………………………………… 222
5 キーワード3 ——
　グローバル化の進展 …………… 223
6 キーワード4 ——
　ネットの全面的な活用 ………… 224
7 キーワード5 ——
　効率性の追求 …………………… 225

8 キーワード6 ——
　ビッグデータの活用 …………… 226
9 キーワード7 ——
　社会的な存在としての小売業 … 227
ケースで見る流通その19を掘り下げると… 228

第20章 小売業界、卸売業界、物流業界で働く人たちのために…　229

1 ケースで見る流通 その20 ……… 230
2 業界研究・企業研究・実地調査
　…………………………………… 232
3 基礎力を身に付ける …………… 234
4 総合力を身に付ける …………… 236
5 専門性を身に付ける …………… 238
ケースで見る流通その20を掘り下げると… 240

おわりに ……………………………… 241
索引 …………………………………… 242

1

流通とは何か

[本章の内容]
流通とは何でしょうか？
何のために存在し、どんな役割を果たしているのでしょうか？
食品、日用雑貨品、家具、家電、車のように、商品が異なると、
それを生産する者、流通する者、販売する者のスタンス、
経営戦略、マーケティング戦略などが大きく変わってきます。
それではそもそも商品とは、どのように分類出来るのでしょうか？
これからの章に先立ち、
本章では流通に関する基礎について見ていくことにしましょう。

1 ケースで見る流通 その1

　皆さんはどのような携帯電話を使っていますか？その携帯電話は、いつごろ、どのような料金プランで契約しましたか。次の機種変更はどのようなタイミングを考えていますか？

　2014年7月の本書執筆時点では、NTTドコモが2014年4月に発表し6月1日からサービスを開始した新しい料金プラン「カケホーダイ&パケあえる」が大きな注目を集めています。皆さんが本書をお読み頂いている時点では、どのような料金プランが注目され、そして主流になっているでしょうか？

　そうした料金プランの比較分析や、その背景にある事業会社の戦略について考察するのも大変興味深いところですが、ここでは端末について見ていくことにしましょう。米国のアップルコンピュータが発売するiPhoneについてです。

★ 日本でのiPhone人気 ★

　欧米諸国では、Android OSを使用したスマートフォンが主流です。なかでも韓国のサムスングループが販売するGalaxyシリーズは、世界市場を席巻する勢いです。しかし日本では諸外国と異なり、iPhone人気が根強くなっています。なぜ日本ではiPhoneが人気なのでしょうか？

　恐らく、アップルコンピュータの創設者であるスティーブ・ジョブス氏の人気、ブランドイメージ、最初に扱ったソフトバンクのマーケティング戦略の成功など、様々な要因が考えられることでしょう。

　こうしたなか、アップルコンピュータは2013年9月20日、新型スマートフォンであるiPhone5の販売を開始しました。この様子について、今一度振り返ってみることにしましょう。

★ iPhone5の発売 ★

　鳴り物入りで発売されたiPhone5は、上位モデル5Sと割安モデル5Cの2機種が用意されました。日本では、ソフトバンク、KDDI（au）に加え、NTTドコモも初めて取扱うことを発表し、各社熾烈な顧客獲得競争を繰り広げました。その結果、各社善戦しましたが、なかでもiPhoneを一番古くから手掛けるソフトバンクに若干の軍配があがったようです。

　さて2機種の売れ行きを見ると、上位モデルである5Sを購入する消費者が大半で、5Cは一部に留まったようです。5Sは完売になった家電量販店も多く、5Cなら在庫がありますが…という状況になりました。

　iPhone5の本体の色は、これまでホワイトとブラックの2色展開でしたが、今回からシルバー、ゴールド、スペースグレイを加えた5色展開です。それぞれの色で人気が分かれ、ゴールドとシルバーは発売後すぐに入荷待ちの状態になりました。

　さてこの事例から、以下の点を考えてみることにしましょう。

◆発売当初、iPhone5の5Sが5Cより圧倒的に売れたのは何故だろうか？
◆発売後しばらく経つと、5Cのシェアは高まるだろうか？
◆ゴールドとシルバーが品切れになったのをどう見るか？
◆アップルストア（直営店）と家電量販店、どちらで買うのが得か？
◆入荷待ちになる商品は、iPhoneのほか、どのような商品があるだろうか？

2 消費と生産のギャップ

　現在私たちは、日々、多くの商品を消費しています。スーパーマーケットで今日の夕食の材料を購入し、ドラッグストアでサプリメントを求め、花屋で季節の花を買って…といった具合です。私たちはお金を持ってお店を訪れ、そこで商品とお金を交換することで、商品を購入します（現金ではなく、クレジットカードで決済したり、電子マネーで購入したりもします）。いわゆる売買取引というものです。

　皆さんの家にあるものを、今一度見回してみましょう。テレビ、洗濯機、冷蔵庫、テーブル、洋服、食器、カバン、シャンプー＆リンス…。これらの多くがお店で購入したものであることに気付くでしょう。皆さんが手作りしたものは以外と少ないはずです。

　経済があまり発展していなかった時代、自分で消費するものは出来るだけ自分で作ろう、あるいは自分が所属する共同体の中で賄おうとしたものでした。何しろ自分が欲しい商品がなかなか手に入らないのですから、仕方ありません。自分で作るよりほかにない時代でした。その究極的な社会は自給自足社会です。

　しかし今日では分業が進み、人々は自分が相対的に得意とする特定の商品（あるいはサービス、以下商品と略します）の生産に特化するようになりました。自分で消費する以上のものを生産し、その余剰分を販売するようになったのです。高度分業社会の誕生です。私たち一人ひとりが特定の商品の生産に特化するようになったということは、それ以外の殆どの商品は、他者が生産した商品を購入するということを意味します。私たちはもはや一人では生きていくことが難しく、顔の見えない色々な人が織りなす網の目になった社会で、持ちつ持たれつの生活を送っています。

　上記の話を社会全体の視点から論じると、分業社会は「消費」と「生産」が分離した社会ということが出来ます。そしてこの分離された「消費」と「生産」の懸隔（ギャップのこと）を架橋する役割（埋める役割）を担うものが「流通」

です。「流通」があるからこそ、私たちはこうした社会に生きていけるというわけです。現在の私たちの生活を支えてくれている基盤（インフラストラクチャー）に他なりません。東日本大震災の時に、流通が機能しなくなり「ライフラインの分断」という言葉が飛び交ったのは記憶に新しいところです。

消費と生産のギャップには、図表1-1の①～④があります。それぞれについて見ていくことにしましょう。

図表1-1　消費と生産のギャップ

①**所有権のギャップ**
　商品の所有権は、もともとその商品を生産した人が持っています。これを私たちが購入し、使用するには、その商品の所有権を私たちに移してもらう必要があります。このように生産と消費には、所有権のギャップが存在します。

②**空間のギャップ**
　分業の進展によって、商品が生産される場所と消費される場所は、どんどん離れるようになりました。「原産地中国」の商品、東京にいる私たちというように、生産と消費には、空間のギャップが存在します。

③**時間のギャップ**
　商品が生産される時点と、消費される時点も、どんどん離れるようになりました。1か月前に生産した商品を今日購入し、それを使用するというように、生産と消費には、時間のギャップが存在します。

④**情報のギャップ**
　生産者がもつ情報と消費者がもつ情報は異なっています。つまり情報のギャップが存在します。

上記の①の役割は「流通の商流に関するもの」、②③は主として「流通の物流に関するもの」、④は「流通の情報流に関するもの」です。例えば②はトラック運送業などが、③は倉庫会社などが、その役割を果たしています。

また①～④以外に、品揃えのギャップをあげる場合もあります。消費者は、色々な生産者が生産する商品を購入したいわけで、それを品揃えしてくれることを望んでいます。その役割を果たしてくれるのも流通です。

3 流通機能

　流通は、第2節で見たように、消費と生産の懸隔（ギャップ）に架橋する（橋渡しをする）役割を担っています。流通機能は、ギャップに架橋する役割のことを意味します。本節ではこの流通機能について、具体的に見ていくことにしましょう。

　流通機能の分類では、米国の初期の代表的なマーケティング研究者であるクラーク（F.Clerk）の説が有名です。1922年に唱えられたものです。①交換機能（販売、購買）、②物財供給機能（輸送、保管）、③補助的機能（金融、危険負担、市場情報、標準化）、の3つに大別しています。本書ではこれを参考にしつつ、1）需給結合機能、2）物流機能、3）情報機能、4）補助的機能、の4つの視点から分析します。

1）需給結合機能

　高度分業社会では、商品の売り手は買い手を、買い手は売り手を探しています。その両者が出会わなければ売買は成立しません。流通はこの役割を担っています。売買が成立することで、売り手から買い手へ、商品の所有権が移転します。所有権のギャップに架橋する役割であり、商流に関する機能です。

2）物流機能

　空間のギャップに架橋するものが輸送、時間のギャップに架橋するものが保管です。輸送と保管は、物流機能の中で代表選手というべき存在です。

　これ以外に、包装、荷役、流通加工なども物流機能の仲間です。包装は、工業包装と商業包装に分かれます。前者は事業者間の取引でなされるもので、さらに外部の荷造りに使用される外装と、詰め物類・防湿類などに使用される内装に大別されます。一方、商業包装は、プレゼント用の包装など、個装を意味します。荷役は、商品の輸送や保管に付随して発生する業務です。積込み、積

下ろし、積替えなどの作業があります。また流通加工は、軽度の加工を行うもので、値札付け、詰合わせ、塗装、組み立て、小分けなどがあります。

3）情報機能

　需給結合機能や物流機能が遂行されると、それに付随して情報が発生します。例えば、商品を輸送する場合にどのような情報がやり取りされるか考えてみましょう（詳細は第15章第4節参照）。

　どのような商品を輸送するか、あらかじめ売り手企業から買い手企業に送られてくるのがASN情報（事前明細）です。これを入手しておくと、買い手企業は、荷受けをする際に、検品作業が効率的に行えます。また実際の輸送の際は、運んでいる商品の名前や個数などが記された送り状が、商品と一緒に運ばれてきます。これを見ながらトラックの運転手は、商品をきちんと輸送したかどうか確認します。モノを運ぶという輸送業務に付随して、様々な情報がやり取りされることが分かります。

4）補助的機能

　補助的機能の代表選手といえば、金融機能と危険負担機能です。先に見た、需給結合機能、物流機能、情報機能が円滑になされるよう、それをバックアップする役割です。

　売り手企業が買い手企業に商品を販売したとしましょう。しかしその代金支払いは、普通、しばらく後になされます。「今月1か月分の取引をまとめて来月20日に支払います」のような取引です。この場合、売り手企業はお金をすぐに回収せず、支払いを猶予してあげているわけで、実質的な金融機能を提供していることになります。

　また危険負担機能は、取引に伴う危険を負担することで、取引の円滑な遂行を図るものです。危険には、市場変動による危険や物理的損害による危険など、様々なものがあります。こうした危険を、各種保険を提供したり、先物取引等の技術を駆使したりすることで、回避しようというのが危険負担機能です。

4 日本の流通構造

① 流通業の規模・業種構造

　日本の流通構造は、どのような姿になっているでしょうか。流通業とは何か？については、第4章で詳しく見ていくとして、今ここではその代表選手である小売業を例に見ていくことにしましょう。

　商業統計調査によると、日本の小売商店数（店舗数）は、1982年以降、減少の一途を辿っています。ピークから30年以上が経過した2010年代初頭には、1980年代初頭に比べ、およそ3分の2になってしまいました。消えた小売業の多くは、従業員4人以下の中小零細小売業です。なお2010年代初頭の就業者数は業界全体で見ておよそ800万人、年間販売額（売上高）はおよそ130兆円です。就業者数と年間販売額は、1990年以降さほど変化していません。

　小売商店数が減少する一方、就業者数と年間販売額があまり変わらないということは、平均値で見る限り「1店舗あたりの就業者数」及び「1店舗あたりの年間販売額」は拡大していることになります。店舗の大型化が、緩やかながら進行しています。

　業種構造を見ると、飲食料品小売業とその他小売業がそれぞれ3分の1ずつを占めています。その他小売業には、医薬品・化粧品小売業、燃料小売業、書籍・文房具小売業などが含まれます。

　なお統計データに関しては、最新の商業統計調査（経済産業省が発行）などで、現在どうなっているか確認するようにして下さい。

② 流通構造の特徴

　わが国の流通構造には、1）零細性、2）過多性、3）多段階性、の3つの特徴があります。次からそれぞれについて考察します。

1）零細性

　日本の小売業は中小零細企業が多くなっています。就業者数4人以下の企業は、全体の7割弱を占めます（2010年時点）。従業員数4人以下の小売業とは、家族だけで経営（夫婦のみ、あるいは1～2名のパートタイマーを雇って経営）している小売業であり、パパママストアと呼びます。家族経営の色合いの強い、生業的な存在です。

　一方、就業者数50人以上の企業は、シェアを少しずつ上昇させ3割弱を占めるまでになりました。多少の変動はあるものの、トレンドとしては今後さらにシェアを高めていくといって良いでしょう。

2）過多性

　流通業の数や店舗の数は、非常に多いとされています。人口密度を求める際と同じように、国土面積1平方キロメートルあたりあるいは人口1,000人あたりの流通業数あるいは店舗数を求めると、日本は米国や主要ヨーロッパ諸国に比べ、密度が高くなっています。国土の3分の2が山地であり、残り3分の1の平野に、人口の80％が住んでいるといった事情も大きく影響していることでしょう。

　店舗密度の違いは、消費者の購買行動に影響を与えます。店舗密度が低い米国では、車による来店が多く、何日分かの商品をまとめ買いする傾向があります。逆に日本では（特に都心部では）、駅近や繁華街にあるスーパーマーケットに徒歩や自転車で出かけ、その日に消費する分だけを購入するのが一般的です。

3）多段階性

　流通の多段階性は、一般的にはWR比率を使って比較します。WR比率は、卸売業の販売額（売上高）を小売業の販売額（売上高）で割ることで求められます。この数値が高いと、一次卸、二次卸のように多数の卸売業の手を経て小売業に販売されたことを意味し、流通が多段階になっていることを表します。

　日本は米国や主要ヨーロッパ諸国に比べてWR比率が高く、流通が多段階であることが指摘されています。

5 流通業が扱う商品

　流通業が取扱う商品は、どのように分類出来るのでしょうか。
　商品は、産業財と消費財に大別されます。財とは商品を意味する言葉です。産業財は企業や事業所などを相手に販売されるもので、主としてB to B（ビジネス　トゥ　ビジネス）で扱います。一方消費財は、消費者を相手に販売されるもので、B to C（ビジネス　トゥ　コンシューマー）で扱います。
　消費財に限定して話を進めると、その分類方法には、「国や国際的な標準で統一的に決められた分類方法」と、「問題意識によって作成され、利用される分類方法」の2つがあります。前者を「制度分類」、後者を「慣用分類」といいます。制度分類では総務省統計局が定める日本標準商品分類を使用するのが一般的です。市場で取引され、移動できる全ての商品を対象にしたもので、大分類・中分類・小分類・細分類に分かれて整理されています。一方、慣用分類としては、消費者の購買行動によって、下記の3つに分類することが出来ます（図表1-2）。

図表1-2　消費者の購買行動による商品分類

① 最寄品：食品、日用雑貨品、大衆薬など
② 買回品：衣類、家具、家電、装飾品など
③ 専門品：車、住宅、有名デザイナーのブランド品など

① 最寄品（もよりひん、Convenience Goods）

　最寄品は、使用頻度が高く、購買頻度が高い商品です。生活必需品といわれるものです。主としてコンビニエンスストアやスーパーマーケットで取扱われる商品です。
　最寄品は比較的安価で、過去に購買経験の蓄積がある場合が多いことから、消費者は購買のための準備にあまり労力をかけません。店舗の立地や、その店

舗で行われるプロモーションなどにより、購入する商品を変えることも多く、PB商品（プライベート・ブランド商品）なども、数多く開発されています。

② 買回品（かいまわりひん、Shopping Goods）

　買回品は比較的高価で、消費者が事前に購入する商品を決定しておらず、いくつかの店舗を見て回って、価格、品質、デザインなどを比較検討する商品を指します。購買頻度はさほど高くありません。

　最寄品と専門品の中間の位置づけになっています。

③ 専門品（せんもんひん、Specialty Goods）

　専門品は、消費者は買い物に出る前に、購入するブランドや店舗をあらかじめ決定しているタイプの商品です。専門店や有名ブランドのショップなどで販売されています。価格はかなり高く、購買頻度が極めて低い商品です。購入決定までにかなりの時間や手間をかけ、時に専門的なアドバイスを収集したりします。消費者は購入に至るまでに、様々な情報を集めます。

　専門品に関しては、買回りによる商品の探索・比較は殆ど行われません。

　以上、商品を消費者の購買行動から、最寄品、買回品、専門品に大別しましたが、こうした分類は、流通業やメーカーの経営戦略、マーケティング戦略を考える上で、非常に重要です。

　例えば「欠品」という現象を考えてみましょう。最寄品である食品に関し、売り場の棚に「A社の醤油がない」場合、消費者はB社の醤油を買う（ブランドスイッチ）、他店に行く（ストアスイッチ）、サイズを変更して買う（アイテムスイッチ）などの行動をするでしょう。しかし専門品では、欠品はむしろ人気のバロメータとして認知され、次の入荷を喜んで待ってくれるかもしれません。

　消費者の購買行動に違いがある以上、流通業の欠品対策や在庫管理、さらにはメーカーの生産方式に関しても、それに応じた戦略を立てる必要があります。

■ ケースで見る流通その1を掘り下げると・・・

　シュンペーターのイノベーション理論によると、革新的商品やサービス（以下商品で統一）が市場に登場した時、その普及率が16パーセントを超えると、爆発的にヒットするのだそうです（「普及率16％の理論」などと呼びます）。商品を購入した人は、時期の早い順に5つの層（イノベーター：革新者、アーリー・アダプター：初期採用者、アーリー・マジョリティー：前期追随者、レイト・マジョリティー：後期追随者、ラガード：遅滞者）に分けられます。

　今回iPhoneをいち早く手にした人たちは、イノベーターやアーリーアダプターにあたりますから、当然5Cの安いものより、5Sのフル機能のものを買い求めたのでしょう。購買者の裾野が広がるにつれ、5Cのシェアも高まっていくことが予想されます。しかし携帯電話が革新的商品というより、もはや生活必需品のような存在であることを考えると、アーリー・マジョリティー、レイト・マジョリティーであっても、5Sを購入する人が多いかもしれません。

　またゴールドとシルバーが品切れになったのは、これはアップルコンピュータによる確信犯的な戦略である可能性が否めません。食品や日用雑貨品といった最寄品と違って、専門品に位置づけられるiPhoneは、仮に欠品があったとしても入荷を待ってくれる商品です。品薄になったことで、iPhoneのブランドイメージはさらに高まったことでしょう。こうした商品には、専門品である、高級車やバッグ（ブランドのバック）なども該当します。

　アップルストア（直営店）と家電量販店のどちらで買うのが得か、に関しては、家電量販店で購入すれば量販店のポイントがたまる、家電量販店の店舗ごとに価格が違う場合があり直営店より安く買える場合がある、家電量販店で購入すると機種変更時のサービスやアフターサービスが受けられない場合がある、など、様々な点を考慮して決めなければならないことでしょう。

2 業種別流通経路

[本章の内容]
流通経路とは何でしょうか？　どのような役割を担っているのでしょうか？
商品は、生産されてから消費者の手に届くまで、
どのような道を辿るのでしょうか？
その道は、商品によって、どのように異なるでしょうか？
本章では、
流通経路の一般的な姿や役割について述べた後、
具体的に、主要な業種の流通経路について考察します。

1 ケースで見る流通 その2

　街を歩くと、多くのファスト・ファッションのお店を目にします。ファスト・ファッションとは、低価格でありながら最新の流行を取入れたもので、短いサイクルで大量生産・販売する業態です。H&M、ZARA、GAP、FOREVER21、無印良品などがあります。なかでも日本においてその一挙手一投足が注目される存在は、何といっても、ファーストリテイリングが運営するユニクロ（UNIQLO）でしょう。

　ユニクロの強みは、アメリカの衣料専門店であるGAPをモデルにした製造小売業（SPA：Speciality Store Retailer of Private Label）という事業モデルにあるとされています。商品企画から販売までを自社で一貫して手がける業態です。

図表2-1　ユニクロのSPAモデル

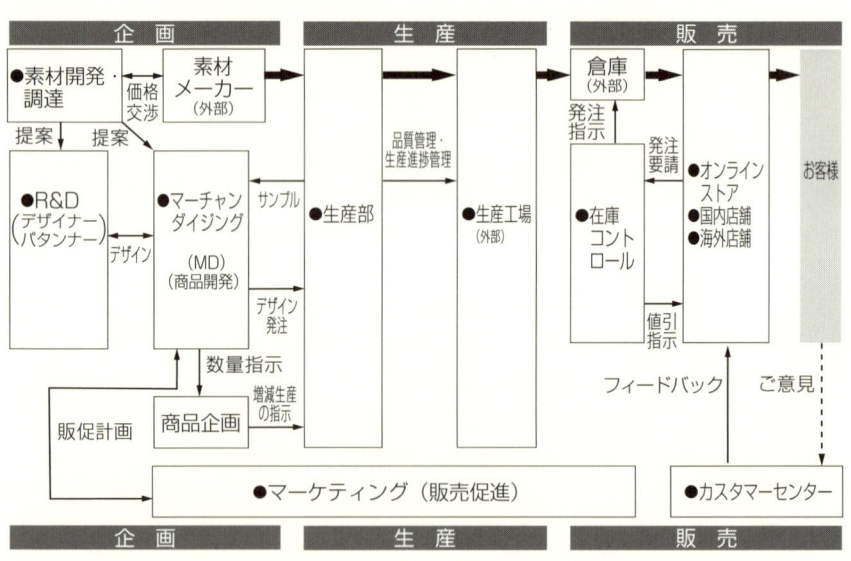

（資料）各種資料をもとに作成

ユニクロが1998年、フリース旋風を巻き起こし、驚異的なセールスを記録したのは記憶に新しいところです。現在ではイギリス、米国を初めとする諸外国への進出を果たしました。

★ SPA方式？ それとも非SPA方式？ ★

ユニクロに対し、ファッションセンターしまむらなどを手がけるしまむらは、衣料品メーカーからの仕入れを基本とする、非SPA方式（仕入れ方式）を採用しています。規模が大きく、バイングパワーがあることから、殆どの商品は同社向けのもので、完全買取りの形です。

またユニクロ以外でも、非SPA方式を採用するところが少なくありません。一度SPA方式を採用したにも関わらず、その後非SPA方式に戻したところもある位です。

さてこの事例から、以下の点を考えてみることにしましょう。

◆なぜしまむらは、SPA方式をとらず、非SPA方式（仕入れ方式）を続けているのか。
◆SPA方式と仕入れ方式のメリットとデメリットは何だろうか？
◆どのような企業の場合に、SPA方式が望ましいだろうか？
◆消費者にとっては、どちらのタイプのお店が楽しいだろうか？
◆SPA方式が可能な業種は、他にあるだろうか？

流通経路・流通システムとは何か

① 流通経路とは何か

　流通経路は、流通チャネルとも表現されるもので、特定の商品の視点から、その商品が生産されてから消費されるまでどのような道を辿るか、その流れを示したものです。加工食品及び日用雑貨品を例に、流通経路を見てみましょう（図表2-2）。

図表2-2　加工食品・日用雑貨品の流通経路

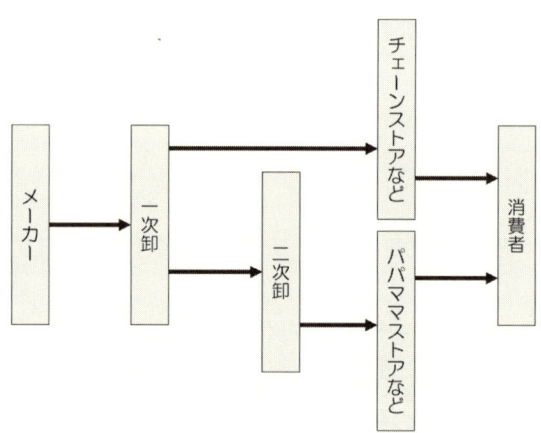

　消費者を除いた流通経路を、営利流通経路と呼びます。卸売業（図表では一次卸、二次卸）、小売業（図表ではチェーンストア、パパママストア）は「商業」といいます。
　トヨタ自動車、サントリーといった特定の企業の視点から眺めたものは、流通経路ではなく、販売経路（マーケティングチャネル）と呼ぶ場合があります。
　流通経路とよく似た言葉に、流通システム（流通機構）という言葉があります。経路は「商品」の視点から、商品が辿る「道」を見るものですが、システム（機構）は「全体」の視点から、それを構造として捉える見方です。

② 温度帯別流通システム

　食品は、流通活動を行う際、他の商品以上に品質管理を徹底することが重要です。なかでも温度管理は大切です。

　管理する温度により、流通システムは、1）加温流通システム、2）常温流通システム、3）低温流通システム、の3つに大別されます（図表2-3）。それぞれの温度帯が何度から何度までを指すのかは、定まった定義がありません。以下およそのイメージを示していくことにしましょう。

　1）はお弁当や惣菜などですが、一般的に20度以上にする必要がある商品です。2）はそのままの温度を維持するもので、室内温度が目安にされますが、日本工業規格では20度±15度（つまり5度〜35度）と規定されています。多くの加工食品や日用雑貨品はこの温度帯で管理されます。

　3）はさらに、A）定温、B）冷蔵、C）冷凍に分かれます。A）は、一定の定まった温度で管理することを意味しますが、通常10〜20度で管理します。お菓子、ビールなどが該当します。B）は、食品特性に合わせ、マイナス5度〜5度のチルド温度帯、マイナス3度のパーシャル温度帯などがあります。前者は乳製品や豆腐といった惣菜、後者は生鮮食品が対象になります。C）はマイナス18度以下で管理するもので、冷凍食品やアイスクリームなどがあてはまります。

　低温流通システムは、コールドチェーンとも呼ばれます。

図2-3　温度帯別流通システム

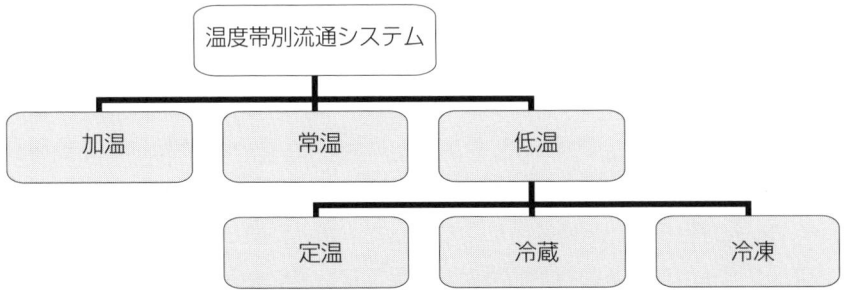

3 食品の流通経路

① 加工食品の流通経路

　第3節では、食品の流通経路を考察します。加工食品、コメ、生鮮食品に分けて見ていくことにしましょう。

　加工食品は、生鮮品などを原料にして、製造・加工される食品のことで、一般的に在庫することが出来る、日持ちのする商品を指します。醤油、塩、味噌、小麦粉といった調味料や、カレー、シチューなどのルー、缶詰、カップ麺、ドレッシングなど、様々なものがあります。一方、低温での維持管理が必要で、かつ消費期限の短い商品は、日配品と呼びます。日配品は、和日配（納豆、はんぺんなど）と洋日配（パン、牛乳など）に分けられます。

　加工食品の流通経路は、前節の図表2-2で示しました。メーカーと小売業の間に、多数の卸売業が介在しています。メーカーと小売業の規模が小さく、分散しているため、卸売業の活躍の場が大きいというわけです。もっとも近年では、流通経路（流通チャネル）において、発言力を増したチェーンストアが主導する形で、卸売段階の集約化が進められています。

② コメの流通経路

　加工食品の中で、コメは独自の流通システムを形成してきました。コメは日本人の主食であることから、安定供給を第一目標に掲げた食糧管理法が制定され、それに則って流通してきたためです。

　1995年、食糧管理法が廃止され、新たに「主要食糧の需給及び価格の安定に関する法律（通称：食糧法）」が施行されました。2004年には、さらなる規制緩和が行われ、コメの販売業者は、農林水産大臣に所定の届出をすれば、卸売や小売が自由に出来るようになりました。輸入に関しても1993年のガットウルグアイラウンドの農業合意以降、ミニマムアクセス（最低限のアクセス

業種別流通経路

機会の設定）が義務付けられ、アメリカやタイなどからのコメがわが国に入ってくるようになりました。

③ 生鮮食品の流通経路

　生鮮食品は、青果（野菜と果物）、鮮魚、精肉などを指し、これら3つの商品を生鮮三品といいます。

　生鮮食品は、加工食品やコメなどと異なり、1）貯蔵が難しい、2）温度管理が必要、3）品質の劣化が激しい、4）産地が全国および世界中に分散している、5）需要変動に応じて短期間で増産・減産出来ない、といった特徴があります。商品が売残った場合、加工食品だと翌日に持ち越され、再び販売を行いますが、生鮮食品は日持ちがしないため、売切り値引き（タイムセール）などが行われ、売切れたところで終わり、といった形のビジネスが一般的です。

　生鮮食品の流通経路は、青果、鮮魚、精肉により異なりますが、その共通点を示すと、それぞれ、A）市場流通、B）市場外流通、の2つがあることです。Aは卸売市場を経由する取引、Bは卸売市場を経由しない取引を意味します。近年ではBの、市場外流通の占める割合が増えつつあります。

　卸売市場は、農家や漁業者が出荷した商品が集められるところで、ここで売買が成立した後、全国の小売業へと運ばれます。中央卸売市場と地方卸売市場の2つがあります。卸売市場の施設を利用する主な業者に、卸売業、仲卸業、小売業があります。卸売業及び仲卸売業の役割は、図表2-4に示すとおりです。

図表2-4　卸売業と仲卸売業の役割

卸売業	生産者から販売委託を受けて、卸売市場内で仲卸売業や小売業などの売買参加者（買参人）に生鮮食品を販売する
仲卸売業	卸売業から買付けた生鮮食品を、卸売市場内で、小売業などの大口需要者に販売する

　卸売市場内での取引は、競売方式（せり）と、相対取引（卸売業の営業マンと買参人（ばいさんにん）が話合いで価格を決める方法）の2つに分かれます。近年では、一部の生鮮食品を除き、相対取引がメインです。

4 医薬品・化粧品の流通経路

① 医薬品の流通経路

　医薬品は、薬局医薬品と一般用医薬品に分けられます。薬局医薬品は、医師の処方箋を必要とするもの（処方箋医薬品）と処方箋を必要としないもの（非処方箋医薬品）があります。処方箋医薬品の全てと、非処方箋医薬品の一部は、健康保険の対象です。

　薬局医薬品は、医薬品メーカーから卸を通じて、病院や調剤薬局に運ばれます。医家向け経路（チャネル）と呼ばれます。なお病院や調剤薬局での薬の取扱いは、主として薬剤師が担当します。

　一方、一般用医薬品はOTC（Over The Counter）と呼ばれるもので、薬局・薬店・ドラッグストアなどで販売されている普及品のことです。市販薬、大衆薬ともいわれます。小売業向け経路（チャネル）と呼ばれます。

　2009年6月、薬事法が大幅に改正されました。一般用医薬品の取扱いに関する規定が大きく変わったのですが、一般用医薬品は、副作用の危険性に応じて、新たに3つに分類されることになりました（図表2-5）。またそれぞれ販売対応者も決められました。

図表2-5　一般用医薬品の新三分類（2014年）

区分	該当する主な医薬品	副作用の危険性	販売対応者	通販
第一類	胃腸薬、発毛剤など	非常に高い	薬剤師	△[注]
第二類	風邪薬、漢方薬など	比較的高い	薬剤師または登録販売者	○
第三類	ビタミン剤、目薬など	比較的低い	薬剤師または登録販売者	○

注）一部の医薬品を除いて販売できるようになった。第19章第1節参照

　小売業は新設した登録販売者をおけば、第二類、第三類の医薬品を扱えるようになりました。

② 化粧品の流通経路

化粧品の流通経路は、1）一般品、2）制度品、3）訪問販売・通信販売、によって異なります。それぞれについて見ていくことにしましょう。

1）一般品の流通

一般品とは、製造してから消費に至るまで、メーカー、卸売業、小売業、消費者といった一般的な流通経路を辿る商品を指します。ドラッグストアや化粧品専門店で販売されています。

2）制度品の流通

制度品は、化粧品メーカーが小売業に対し、売価と販売方法を指定する商品です。化粧品メーカーと小売業は、直接契約を交わします。その契約内容には、A）自社ブランドのコーナー、B）美容部員制度、C）顧客組織制度、D）プロモーション、などに関する事項があります。

Aは、化粧品メーカーが自社のブランドイメージを保つために、小売業のあるスペースを借切り、そこで自社ブランドのコーナーを作成するというものです。Bは、その化粧品コーナーに立つ化粧品販売員のことですが、実はこの販売員は化粧品メーカーに所属する社員であるケースが一般的です。給与や保険もメーカーから支給されます。Cは化粧品メーカーが顧客を囲込むために実施する、顧客の組織化戦略に関するものです。Dは、メイクアップのテスター、店頭POP、サンプルなど、数多くのプロモーション関連品を、化粧品メーカーが小売業に無償で提供するというものです。

3）訪問販売・通信販売

訪問販売は、化粧品メーカーが自社商品のみを扱う販売代理店を募り、その販売代理店が戸別訪問をしたり、職域でのパーティなどで販売したりするというものです。近年売上高は、減少傾向にあります。

一方通信販売は、ネットショッピングやテレビショッピングなどがあります。訪問販売とは逆で、近年売上高は、増加し続けています。

5 衣料品の流通経路

① 衣料品の分類

　衣料品は、靴下や肌着などの実用衣料と、一般的にアパレルと呼ばれるファッション衣料の2つに大別されます。

　実用衣料は、加工食品や日用雑貨品と同じで、メーカー→卸売業→小売業という一般的な流れを辿ります。

　ファッション衣料は、実に複雑な流通経路です。まず生地を生産したり、織物を作ったりするテキスタイルメーカーがあります。衣料品メーカー（アパレルメーカー）は、このテキスタイルメーカーや他の素材メーカーから素材を仕入れ、実際に衣料品の生産にとりかかります。非常に多くの素材を、多くの仕入れ先から確保する必要があることから、こうした業務は、普通、アパレル商社が担当します。

　衣料品メーカーの主な仕事は、商品を企画し、材料を確保し、ブランドを管理することです。今、便宜上メーカーという言葉を使いましたが、実際は、卸売業に分類されるケースも少なくありません。例えば産元商社などと呼ばれますが、これは産地元売り商社を語源とするもので、自ら情報を収集し、商品企画をし、自社でリスクを取りながら商品を生産、販売する事業者のことです。その他親機と呼ばれる下請けメーカーや、親機のさらなる下請けをする子機と呼ばれるメーカーもあります。

　衣料品メーカー（あるいは卸売業）が生産した衣料品は、アパレル卸や商社の手を通じて、小売業に届けられます。小売業の販売形態としては、百貨店、量販店、専門店などがあります。

② 仕入れ方式

　小売業が仕入先から衣料品を仕入れる方法は図表2-6に示すとおりです。

委託方式と消化方式は、衣料品業界に独特の方式です。小売業は返品リスクを負わず、また売価決定権もメーカーが持つなど、小売業は単に場所貸しをしているようなケースも少なくありません。近年では、自主編集平場として、自己の責任のもとで商品を仕入れる小売業も増えてきました。専門店や外資系企業の多くも、買取方式を採用しています。

図表2-6　小売業による衣料品の仕入れ方法

買取方式	小売業が卸売業から商品を買取り、自己の責任のもとに完売を目指す方式。主に専門店で採用されている。売価決定権は小売業側にある。
委託方式	衣料品メーカーから販売を委託される仕入れ方式。百貨店とメーカーの取引で採用されている。返品可能であり、売価決定権はメーカー側にある。
消化方式	衣料品メーカーの商品を売り場に置き、売れた分だけ仕入れとして計上する方式。商品の所有権はメーカーが持ち、売価決定権もメーカーが持つ。

③ SPA（製造小売業）

　衣料品の流通経路は複雑ですが、こうした中、きわめてシンプルに、小売業自ら、商品の企画から生産、販売までを一貫して行う方式が注目を集めています。第1節でも取り上げましたが、SPAと呼ばれる新業態です。

　SPAのメリットとしては、製造から販売までを自社で一貫して手掛けるので、意思決定のスピードが速く、顧客ニーズに合致したオペレーションが可能、という点があげられます。また中間マージンを排除していますから、手頃な価格にも関わらず、利幅が大きいというのも特徴です。さらに直営店による自社ブランドのみでの販売になるため、他社との差別化が図りやすく、ブランドイメージの確立にも大きな効果があります。

　一方、デメリットとしては、需要を読み間違えると、在庫リスクを自ら背負わなければならないということでしょう。通常卸売業者が担当してくれる機能ですが、これを小売業自ら負担することになります。

■ ケースで見る流通その2を掘り下げると・・・

　アパレル業界において今やSPA業態は、飛ぶ鳥を落とす勢いがあります。経営学の本を開いてみても、成功事例としてSPA業態が取上げられています。GAPやユニクロの姿を見れば、その評価が正しいことが分かるでしょう。

　その一方で、しまむらのようにSPA業態とならず、仕入れ方式を続けている企業があります。こうした状況をどう分析すれば良いのでしょうか。

　衣料品業界の流通経路は、非常に複雑で長いケースが一般的です。米国で1980年代に起きたQR活動（クイックレスポンス活動）も、こうした状況にメスを入れたものに他なりません。SPAも、こうした状況を改善する一手法です。製造から販売まで自社で一貫して手掛けるという業態であり、製造小売業と呼ばれます。コスト削減できるところは、自社の権限のもと、どんどん削減していこうというモデルです。中間業者のマージンは支払わなくてすむし、ムダを省くのも自社における取組みになりますから、以前に比べてコスト削減しやすくなるというわけです。またNBメーカーの商品を扱う場合に比べ、自社のブランドイメージの管理がしやすいというメリットもあります。

　一方、本来企業は、自社の強みである分野に特化すべきという考え方もあります。「餅は餅屋」という思想です。商品作りはメーカーに任せ、その時点で最も良い商品を、最も良い条件で仕入れることに、ビジネスの妙味があるというわけです。また、仕入れ方式の場合、在庫リスクや返品リスクを背負わなくて済むことも考慮する必要があるでしょう。

　とはいえ、しまむらは、非SPA方式を採用していますが、取扱い商品の多くは、同社専売品やPBになっています。完全買取りの形です。このため完全な非SPA方式とはいえないことには留意が必要です。

　SPA業態が可能な業種としては、店舗で展開する商品の種類が多くなると自社で生産するのが大変になりますから、品揃えの幅の狭い買回品、専門品において採入れるのが望ましいといえます。

流通業を取巻く環境変化

[本章の内容]
流通業の経営は、
常に外部環境の荒波にさらされています。
本章では、環境変化を分析する枠組みとして、PEST分析、ファイブフォース分析、
3C分析、SWOT分析を取扱います。
流通業以外の企業に対しても活用できるものですが、
流通業に対して行った時、どのような分析が出来るか、見ていきましょう。

1 ケースで見る流通 その3

★ 人口減少社会の到来 ★

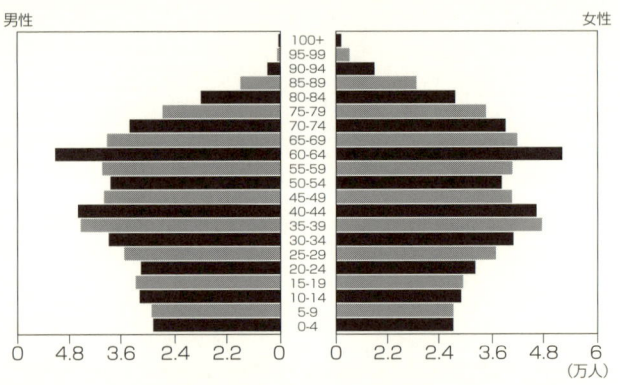

　2014年4月15日、総務省は2013年10月1日現在の日本の総人口（外国人を含む）が、前年より21万7,000人減り、1億2,729万8,000人（前年比0.17％減）になったとする人口推計を発表しました。働き手の中心である15～64歳の生産年齢人口は32年ぶりに8,000万人を下回り、65歳以上の高齢者人口は11万5,000人増の3,189万8,000人になりました。高齢者人口が総人口に占める割合は25.1％となり、4人に1人が高齢者という時代を迎えました。

　国立社会保障・人口問題研究所が2013年3月27日に公表した「日本の地域別将来推計人口」を見てみましょう（図表3-1）。

　わが国全体で見ると、2010年の人口を100とすれば、2025年には94.2、2040年には83.2になると予想されています。30年後には人口がおよそ5分の4になってしまうわけです（積極的な移民受入れなどが行われたりすると、状況は大きく変わります）。

　エリア別に見ると、北海道地方、中国地方、四国地方といったエリアで、減少のペースが速くなっています。これらのエリアの中でも、札幌、函館、広島、岡山、松山といった中核都市はまだ良いことでしょう。問題は地方の市町村です。より一層過疎化が進み、コミュニティとして機能しなくなるところが出始

図表3-1　地域別将来推計人口（2010年＝100）

	2025年（平成37年）	2040年（平成52年）
北海道	90.1	76.1
東北	87.7	73.5
関東	97.8	89.2
北関東	92.9	81.5
南関東	98.7	90.7
中部	93.8	83.5
近畿	94.2	83.4
中国	91.5	79.8
四国	88.3	74.3
九州・沖縄	93.2	89.0
合計	94.2	83.8

（資料）国立社会保障・人口問題研究所

めると思われます。
　一方、南関東における減少のペースは緩やかです。全体的に人口が減るなか、人口の都心回帰がより顕著になると予想されます。

　さてこの事例から、以下の点を考えてみることにしましょう。

◆総人口の減少は、流通業の経営にどのような影響を与えるか？
◆地方と都心で、流通業は経営のあり方をどう変えるべきか？
◆本格的な高齢化社会の到来は、流通業の経営にどのような影響を与えるか？
◆労働者人口の減少は、流通業の経営にどのような影響を与えるか？
◆こうした人口における変化は、どのようなビジネスチャンスを生み出すか？

2 PEST分析

　流通業を取巻く環境変化には様々なものがありますが、その代表的な事例として、2014年4月1日に行われた消費税増税を振り返ってみましょう。
　2014年4月1日、これまで5％だった消費税が8％に引上げられました。食品スーパーであるいなげやが、税率引上げに伴うシステム更新のトラブルで一時的な閉店を余儀なくされたほか、総合品揃えスーパーの西友が、一部店舗で開店時間を2時間遅らせるなどの混乱がありました。しかしこのようなトラブルは限定的で、消費税8％時代は、スムーズに幕を開けました。2015年10月にはさらに10％への引上げが予定されています。
　この消費税増税は、流通業の経営にどのような影響を与えたのでしょうか。正確な判断を下すには、もうしばらく時間が必要です。消費税増税により財布のヒモをきつくした消費者は少なからずいることでしょう。こうした消費者の買控え行動は、流通業の経営にボディーブローのように、ゆっくりとしかし確実に効いてくると思われます。食料品や日用雑貨品といった最寄品は、生活必需品としての性格が強いためそれほど大きな影響がないかもしれませんが、住宅、車、貴金属といった専門品や、ファッション衣料品、家具といった買回品は、今すぐ買う必要のないものですから、買控え行動の影響を受ける可能性があります。
　このように、流通業の経営戦略やマーケティング戦略について見ていく場合、流通業を取巻く環境について分析することがとても大切であることが分かります。経営者は、自社を取巻く環境変化に上手に対応しながら、経営していかなければなりません。
　企業を取巻く環境を分析するアプローチとしては、後述するSWOT分析が一般的ですが、その中の外部環境に焦点をあて、それを掘下げて分析する枠組みにPEST分析があります。企業経営に影響を与える要因を、P、E、S、Tの4つの分野に大別し、自社の経営にどれくらいプラスあるいはマイナスの影響

があるか評価しようというものです（図表3-2）。

図表3-2　PEST分析

```
P : Political          （政治的要因）
E : Economic           （経済的要因）
S : Social             （社会的要因）
T : Technological      （技術的要因）
```

　流通業を対象にPEST分析を行うと、それぞれどのような要因があげられるでしょうか。

　先に見た消費税増税はPに該当します。そのほかPには、規制強化や緩和といった法規制の状況、政治方針、裁判の結果（判例）などがあります。Eには、景気動向、所得水準、失業率の状況、物価水準、原油価格、為替の状況などがあります。Sには、総人口、年齢構成、結婚している人の割合、住民の価値観、ライフスタイル、教育水準、宗教、世論や流行の状況などがあります。最後にTには、インターネットの普及状況、新技術の開発、エコへの関心、特許の状況などがあります。いずれも自社の要因というより、外部環境に関するものであり、流通業は大きな影響を受けます。

　経営戦略やマーケティング戦略を考察する際は、先ずこのPEST分析を行い、次いで後述する3C分析、SWOT分析、マーケティングの4P戦略などを実施します（マーケティング4Pは第4章第5節で扱います）。

　PEST分析を行う際の留意点としては、考えられる要因がP、E、S、Tのどれに属するか、正確性を追求しすぎないことです。流通業の経営やマーケティングに影響を与える重要な要因さえ見落とさなければそれで十分です。また現状のPEST分析だけでなく、5年後、10年後、20年後の世の中を念頭においた分析を行うことも大切です。その時景気がどうなっているか、どのような新技術が誕生しているか、など予想しづらいところもありますが、わが国の人口がどのような状態になっていて、少子高齢化はどの程度進展しているかなどはある程度予測できるでしょう。予測可能なものについては、出来るだけ今のうちから取込んでおくことが重要です。

3 ファイブフォース分析

　企業を取巻く環境を分析するアプローチに、ファイブフォース分析（5つの力）があります。

　ファイブフォース分析は、ハーバード・ビジネススクールのマイケル・E・ポーター（Michael. E. Porter）が著書『競争戦略（Competitive Strategy）、1980年』で明らかにしたものです（図表3-3）。企業の収益性を決める競争要因として5つを取上げ、そのうち、①新規参入企業の脅威、②代替品・サービスの脅威、の2つを外的要因、③買い手企業の交渉力、④売り手企業の交渉力、⑤業界内の既存企業との競争関係、の3つを内的要因としています（図表3-3）。外的要因は一般にマクロ環境要因と呼ばれ、一方、内的要因はミクロ環境要因と呼ばれます。前者が企業にとって統制不可能なものであるのに対し、後者はある程度働きかけていけるものです。

図表3-3　ファイブフォース分析（5つの力）

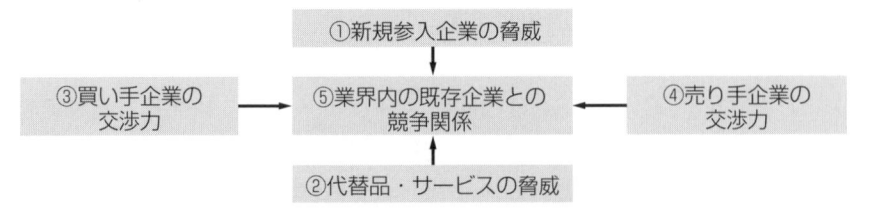

```
                    ①新規参入企業の脅威
                            ↓
③買い手企業の   →   ⑤業界内の既存企業との   ←   ④売り手企業の
    交渉力              競争関係                    交渉力
                            ↑
                    ②代替品・サービスの脅威
```

① 外的要因 その1（新規参入企業の脅威）

　新規参入企業の脅威は、その市場の参入障壁の高さで決定されます。参入障壁の高低は、参入時に必要な資本の大きさ、商品差別化のレベル、既存企業のブランド・エクイティがどの程度確立されているか、流通経路の確保の難しさ、などによって決まります。今まであるエリアでは、A社のコンビニエンスストアが圧倒的なシェアを占めていたのに、そこにあっという間にB社が参入し、熾烈な競争が繰り広げられるようになった、などは現実社会でもよく見られる

事例でしょう。

② 外的要因 その2（代替品・サービスの脅威）

代替品・サービスの脅威は、1）既存の商品やサービスより大きな価値がある、2）既存の企業よりも安い価格で提供される、の場合に大きくなります。近年好調に推移するネットスーパーは、既存の有店舗型ビジネスを手がけるスーパーマーケットの間隙を縫った好例です。

③ 内的要因 その1（買い手企業の交渉力）

商品やサービスを買ってくれる買い手企業の交渉力に関するものです。買い手企業の数、買い手企業に対する売り手企業（自社）の取引依存度、代替品の存在、などにより決定されます。

一般に、独占的な商品であれば買い手企業の交渉力は弱まり、逆に一般的な商品であれば強まります。AメーカーでなくBメーカー、Cメーカーも同様の商品を生産しているのであれば、何もAメーカーから購入しなくても良いわけで、買い手企業は価格交渉などを強気に行うことでしょう。

④ 内的要因 その2（売り手企業の交渉力）

商品や原材料、サービスを販売する売り手企業の交渉力に関するものです。売り手企業の数、売り手企業に対する買い手企業（自社）の取引依存度、代替品の存在、などにより決定されます。

⑤ 内的要因 その3（業界内の既存企業との競争関係）

同じ業界内にある既存企業との競争関係に焦点をあてたものです。競争企業の数、業界の成長力、固定費や在庫費用の高さ、撤退障壁の高さ、業界における一時的な過剰生産力、などによって決定されます。特許等で守られていた分野で代替商品の生産が許されるようになったり、競合企業を買収したりすることで、業界内の既存企業との競争関係が一変することもあります。

4 3C分析

　企業を取巻く環境を分析する枠組みに、3C分析があります。Cから始まる3つの単語の頭文字をとって3Cと名付けたもので、① Customer（顧客）、② Company（自社）、③ Competitor（競合）の3つです。
　流通業にとってどのような3C分析を行えば良いか、以下を考えてみましょう。

① Customer

　小売業にとっての顧客は消費者です。メーカー、卸売業にとっても、最終的にはその商品が消費者の手に渡らなければ意味がないですから、最終的な顧客は消費者であると考えられます。
　それでは小売業、卸売業、メーカーは、どのような消費者（＝市場）を対象にビジネスを行っていけば良いのでしょうか。Companyの分析とも関連しますが、自社が有する資源には限りがあるため、市場を細分化し、その細分化された市場に対し、マーケティング資源を投入していくことが望ましいといえます。作業の手順は、S（セグメンテーション）－T（ターゲティング）－P（ポジショニング）で表されます（STPの詳細は、第13章3節参照）。
　一方、卸売業にとっての最終的な顧客は消費者ですが、当面の直接的な顧客は小売業です。小売業が望む品揃え、プロモーション、物流や情報などのシステム、日々の業務の流れなどについて綿密な分析をしなければなりません。小売業がフルラインの品揃えを望んでおり、それに関するリテールサポートを期待しているにも関わらず、卸売業が業種卸の域を脱しておらず、またリテールサポートのノウハウを持ち合わせていないようであれば話になりません。
　また、メーカーにとっての直接的な顧客は卸売業です。自社のチャネルの中に卸売業をどう位置付けていくか、それを決定するためにも、取引先がどのような卸売業であるか、詳細な分析が不可欠です。

② Company

　自社に関する分析です。次節で説明するSWOT分析で明らかにする内容とも重なりますが、自社の強みや弱みは何であるか、どのような経営資源を有しているか、などを分析します。

　例えば自社の強みは「低価格で販売すること」にあるとしましょう。お客さまは、当店の商品価格が安いことに惹かれて来店してくれます。品質は二の次です。この場合、安く販売するための仕組みづくりが何よりも大切です。ローコストオペレーションの徹底です。店舗フォーマットは妥当か、従業員の配置は適正か、自動発注のようなシステムを導入出来ないか、取引先との取引条件に改善の余地はないか、チラシやエンド陳列は効果的に行っているか、などについて検討します。

　自社にとっての強みは、他社との差別化ポイントになりますので、何があっても死守しなければなりません。強みを確立することを、コアコンピタンスを確立する、などといいます。一方弱みに関しては、極力他社にアウトソーシングするなど、工夫が必要です。

③ Competitor

　競合相手に関する分析です。業界のシェアはどうか、他社はどんな強みを持ちそれが消費者からどう評価されているか、他社の強みや弱みは何か、などを分析します。競合相手は、同業他社だけでなく異業種企業である可能性もあります。お弁当やおにぎりの販売をする企業にとって、ライバル企業は同業他社でなく、飲食店や、家庭における内食であるかもしれません。

　現在あるものだけでなく、潜在的な存在にも目を光らせることも重要です。短期的視座のみならず、中長期の視座に立ってあらゆる可能性を考慮しなければなりません。

　なお3C分析は、Channel、Cost、Collaboration、Cooperationなどのうちいくつかを加え、4C分析あるいは5C分析という場合もあります。

5 SWOT分析

① SWOT分析の枠組み

　流通業を取巻く環境を分析するアプローチとして最も有名なのは、SWOT分析です。この分析は、流通業だけでなく、あらゆる企業や組織、そして時にヒトに対しても行うことが出来ます。自分の強みは何だろうか？弱みは何だろうか？と分析するわけです。これは何も企業に限った話ではありません。

　SWOT分析の枠組みは図表3-4に示す通りです。

図表3-4　SWOT分析の枠組み

	強み	弱み
内的要因	Strength 強み	Weakness 弱み
外的要因	Opportunity 機会	Threat 脅威

　内的要因として、強みと弱みを、外的要因として、機会と脅威を記していきます。そしてそれぞれ、強みと弱み、機会と脅威を比較検討して、戦略の方向を打出していこうというものです。

　あるコンビニエンスストアを例にとれば、S（24時間利用できる、家の近くにある）、W（品揃えに限りがある、気に入ったNB商品が置いていない）、O（景気回復により消費者の所得水準が上がった）、T（ミニスーパーが近所に出来た）のように分析します。

② SWOT分析の留意点

　SWOT分析を行う際に気を付けなければならないのは、強みや弱み、機会や脅威を考えていくうえで、経営戦略や事業方針との整合性を考える必要があるということです。例えばある流通業を分析する際、この流通業の強みは、「顧客に行き届いたサービスを行う」ことであると考えたとします。レジではキャッ

シャー（精算する人）の横にサッカー（袋詰めしてくれる人）がいて、お客様の作業を軽減してくれます。なるほど、とても行き届いたサービスをしてくれる流通業だという話になるでしょう。しかしもしこの流通業が「消費者に出来るだけ低価格で商品を提供する」というコンセプトを掲げて事業を展開しているのであれば、1つのレジに2人ずつ従業員を配置させるのは、この流通業にとってむしろ弱みであるかもしれません。それよりは、セルフレジのようなものを作り、出来るだけ人件費を投じない形で運営することを目指していくべきでしょう。「顧客に行き届いたサービスを行う」ことが強みとなるのは、こうした姿勢を経営方針で打出しているときに限られます。

　またどんなにそれが自社の強みであると打ち出しても、それが利用者である消費者によってきちんと評価してもらっていなければ仕方がありません。「近くにお店がないから来たけど、レジに2人も従業員がいるなら、もっと安く購入させてくれれば良いのに…」と考える消費者が多くいたとしたら、この戦略は間違っていることになります。

　さらに強み＆弱みというのは、相対的な概念であることにも留意が必要です。ある流通業を隣町にあるスーパーと比較すれば、品揃えの豊富さは強みであるかもしれません。しかし最近利用者が増えつつあるネットスーパーと比べれば、品揃えの豊富さでは太刀打ち出来ないけれど、ネットスーパーにはないフレンドリーさと直接商品を手に取って見ることが出来る点に強みがある、というように、実は比較する相手によって、強みと弱みは変わります。自社にとって競合相手は誰であるか、それを明確にした後、その競合相手の数だけ、SWOT分析をする必要があります。

　また強み＆弱みを分析したところで、その強みを維持し、それをもとに事業展開出来る体制や組織などを整備しておかなければ絵に描いた餅になってしまいます。自社にどのような資源があるか分析しなければなりません。

　このように経営戦略や経営方針を確認したうえで、自社にとっての顧客、競合、自社の資源などに関する分析をする必要があるというのは、つまり前節で見た3C分析を合わせて行う必要があるということに他なりません。

ケースで見る流通その3を掘り下げると・・・

　人口が減少するということは、商品を購入してくれる消費者の数が少なくなることを意味します。いわゆる市場の縮小です。現在でも流通業者間では熾烈な競争が繰り広げられていますが、これからはより小さいパイを多くの流通業が奪い合う、そんな世界になることでしょう。

　そうならないためには、流通業の数や店舗数が、人口減少のスピードを上回って減らなければなりません。M&Aをはじめとする経営統合や、場合によっては倒産する企業が出てくることで集約化され、流通の再編を進めなければなりません。需要が減退するなか、それに見合うように供給も減らさなければならないというわけです。しかしこれは現実的ではありません。

　実際には、需要の減少のペースより、供給の減少のペースが緩やかになり、結果として売り場面積1㎡あたりの売上高は減少することでしょう。

　売り場面積1㎡あたりの売上高のことを売り場生産性といいます。店全体の売上高を店舗面積で割ることで求められます。全てのスーパーマーケットの平均値を算出すると、1990年代初頭には売り場生産性は8万円台でしたが、2010年代には4万円台にまで半減しました。これが今後ますます減少するというわけですから、「稼がなくなった売り場」に対応して、より効率的な売り場作りをする必要があるでしょう。

　人口減少のペースが顕著な地方都市では、流通業の経営そのものが立ち行かなくなるケースも出始めるかもしれません。高齢化もあわせて進展することを考えると、車で店舗まで行けなくなる消費者が増えることも予想されます。これまで同様の店舗展開をしていると、お店はガラガラ、商品回転率が低く鮮度が保てない、などといったお店になってしまう可能性があります。

　こうした人口の変化をふまえ、例えば昔あった御用聞きのようなサービス、ネットスーパーや宅配サービス、店舗までの送迎バスの運行など、時代にあった業態開発やサービス開発を今こそすべきといえるでしょう。発想ひとつで、今までとは全く違った新しいビジネスチャンスになるといえます。

4

流通業の戦略

[本章の構成とねらい]
流通業とメーカーは、戦略の方向性が大きく異なります。
流通業はカテゴリーの視点から、
メーカーは自社ブランドの視点から戦略を講じます。
本章では、立場の違う流通業とメーカーの戦略の方向性について整理します。
販売志向とマーケティング志向の違い、経営戦略の構造、
マーケティングの4Pとは何か？などについて考察します。

1 ケースで見る流通 その4

★ 品揃えは実に40万品目 ★

　鹿児島にある大型スーパーセンター・マキオをご存知でしょうか。A-Z(エー・トゥ・ゼット) という名前の店舗を数か所運営しています。とても特徴的な店舗運営をしているため、全国からの視察者が後を絶ちません。

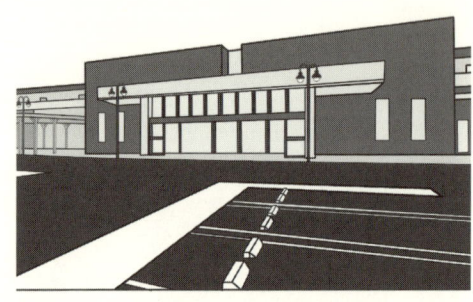

　本社は鹿児島県・阿久根市にあります。人口およそ2万人の小さな都市です。中核店「A-Zあくね」はここにあります。「年に1品しか売れなくてもお客様から要望があれば品揃えする」をモットーに、1店で約40万品目扱っています。一般的なスーパーマーケット、ホームセンター、ドラッグストアなどが扱う商品をほぼ全て網羅しています。

　興味深いのは、これまでの流通業の常識を覆している点です。社長は色々な媒体のインタビューで「単品管理は宝の山を否定するようなもの」としています。POSデータを導入し、単品管理を徹底するというのは、大手コンビニエンスストアのセブン-イレブン・ジャパンが行って以来、今や殆どの小売業が手掛けるものです。単品管理は英語にもなって、そのコンセプトは広く海外にも浸透しています。マキオの戦略はこれを否定し、売れない商品にこそ妙味があるとして、敢えて品揃えしています。顧客の要望があれば、ネジ一本、軍手の右だけ…のような販売もしてくれます。

　売り場面積は1万9,000㎡、24時間運営です。自動車まで販売し、年間数千台を売上げています。またマキオの社員が先生となり、農作業、竹細工、茶道・華道、魚釣りなどを教える学習塾も併設しています。医療サービスの提供

も開始しました。

　過疎化が進むエリアであるため、佐川急便と組んだ独自の配送サービス、ZQ便も導入しました。店で買い物した商品を、数百円で届けるというサービスです。通常の宅配便より2割近く安い料金で利用出来るとあって人気を集めています。また店はすべて平屋。路線バスの少ないエリアであるため片道100円の送迎バスの運行も開始しました（現在では料金は無料）。この送迎バス、なんと自宅まで送迎してくれます。

　60歳以上の高齢者や障害者が商品を購入する場合は、購入額の5%をキャッシュバックする制度もあります。疲れたらイス代わりになる買い物カートや、車いす・歩行器なども揃えています。

　このように行き届いた店であるため、広域からの集客が可能になったほか、1日に何度も訪れるようなファンがたくさんいます。生活のすべてがマキオで賄えるような、そんな状況になっているといえます。

　さてこの事例から、以下の点を考えてみることにしましょう。

◆マキオのビジネスモデルの特徴や強みは、どのように説明できるだろうか？
◆なぜ商圏人口の少ない場所に巨大店舗を構えたのか？
◆単品管理の是非は、どう考えれば良いだろうか？
◆在庫管理はどのように行っているのだろうか？
◆過疎化の進む他の町でも同様のことが
　出来るだろうか？

2 流通とは何か？業種・業態とは？

① 流通とは何か

　第1章で、流通とは何か？流通機能とは何か？について説明しました。また第2章では、業種別の流通経路を考察しました。流通業とは、流通に関わる仕事をする人たちのことを指します。図表4-1は、第2章第2節で見たものを、流通機能の担い手の立場から表し直したものです。

図表 4-1　流通機能の担い手から見た流通経路

```
                    物流業      商社

 メーカー → 卸売業 ─────────────→ 小売業 → 消費者
            (一次卸) → 卸売業 ──→
                      (二次卸)
```

（注）図表 2-2 を流通機能の担い手の視点から書き換えたもの

　図表4-1の網掛けをしたところ、つまり卸売業（一次卸、二次卸）、小売業、物流業、商社などを「広義の意味での流通業」と呼びます。四角で囲んだところ、卸売業と小売業は「狭義の意味での流通業」です。

　これら狭義の意味での流通業が、物流業や商社と異なる点は、「商流」つまりは所有権の移転に関与しているということです。メーカーが生産した商品の所有権は、売買取引を通じて卸売業に移り、さらに卸売業から小売業に、小売業から消費者に移ります。

② 業種と業態

「日本の卸売業は、業種別卸売業が多い」「小売業は時代のニーズに合致した新業態の開発に急いでいる」などのように、業種や業態という言葉がしばしば用いられます。これらは一体何を指すのでしょうか。

業種と業界の定義は図表4-2のように整理できます。

図表 4-2　業種と業態

業　種	・販売する商品の種類や、取扱う商品の種類によって分類したもの。 ・八百屋、魚屋、肉屋、酒屋、本屋、電気屋などがある。 　⇒「何を売るか」の視点で構成されたもの
業　態	・売り方やサービスなど、営業形態の違いによって分類したもの。 ・百貨店、総合品揃えスーパー、コンビニエンスストアなどがある。 　⇒「どのように売るか」の視点で構成されたもの

業種や業態という言葉は、卸売業やその他サービス業などでも使用します。食品卸（食品を取扱う卸売業）、酒卸（酒）、医薬品卸（医薬品）はいわゆる業種卸といわれるものです。一方業態は「どのように売るか」によって分類するものです。

今日までの時代の流れを見ると、「業種から業態へ」になっています。ある特定の商品カテゴリーを揃えれば良かった時代は終わり、消費者のニーズや購買行動にあわせ、売り方を変えていく必要がある時代になりました（専門店のように、ある特定の商品カテゴリーを深堀りし、細分化された市場のニーズに応える店舗はこの限りではありません）。例えば卸売業は、販売先である小売業が品揃えの幅と深さを充実させているなか、「このカテゴリーしか扱っていません」というような状態では仕事が成り立たなくなってきました。

注目すべき業態としては、「100円ショップ」「ディスカウントショップ」「ネットスーパー」「キャッシュ＆キャリー卸売業」など、買い手のニーズに合致した営業形態があげられます。

3 流通業とメーカーの戦略の違い

　メーカーが生産した商品は、卸売業の手を介して小売業に届けられ、消費者に販売されます。消費者満足を最大化すると同時に、メーカー、卸売業、小売業の利益も最大化することが望ましいわけで、メーカー、卸売業、小売業の戦略の方向は、一見すると同じであるように思われます。

　しかし例えばコカ・コーラは自社の商品が売れれば嬉しいですが、小売業は、コカ・コーラの商品が多少売れなくても、その分ペプシ・コーラの売上が伸び、清涼飲料品カテゴリー全体の売上が増えていれば問題ないかも知れません。このようにメーカーと流通業の戦略の方向は異なっています。流通業の代表選手として小売業を取上げ、メーカーの戦略との違いを見てみることにしましょう。

図表 4-3　小売業とメーカーの戦略の違い

	小売業の戦略	メーカーの戦略
目的	カテゴリー売上・利益の増大	自社商品の売上・利益の増大
手法	カテゴリー・マネジメント	ブランド・マネジメント

　小売業の売り場を見ると、調味料売り場、菓子売り場、鮮魚売り場、惣菜売り場のように、買い物客が買いやすいように、カテゴリーごとに編成されています。カテゴリーとは、性質を区分する上で最も基本的な分類のことを意味しますが、日本語では「範疇（はんちゅう）」などと訳されます。日常生活であまり目にしない用語ですから、カテゴリーという用語を使用することにしましょう。

　売り場では、小売業の従業員が、グローサリー担当、生鮮品担当…のように、カテゴリーごとに配置されています。そして商品の陳列、補充、またエンド大陳やPOPといったプロモーション関連の仕事をこなしています。一方、小売業の本部を見ると、カテゴリーごとに、バイヤー（仕入れ担当者）がいます。バイヤーが買付けた商品が、各店舗に配荷され、販売されるという流れです。つまり小売業は、売り場にしても、本部にしても、カテゴリーを単位とした仕組みが作られています。

流通業の戦略

　小売業が目指すのは、カテゴリー売上及び利益の最大化です。前述したように、コカ・コーラ１品が売れれば良いというわけではなく、清涼飲料品カテゴリー全体の売上及び利益が増大するよう、プラノグラム（棚割）を作成したり、プロモーションを実施したりします。こうしたカテゴリーの視点からマネジメントすることを、カテゴリー・マネジメントといいます。

　一方メーカーは、当然のことながら最終的には自社商品を売らなければなりません。同業他社の競合商品はもちろん、小売業が開発・販売するPB商品（プライベートブランド商品）もライバルです。

　メーカーが生産し、販売する商品は、小売業が開発・販売するPB商品に対し、NB商品（ナショナルブランド商品）と呼ばれます。ブランドは商標と訳されますが、「商品やサービスを他の競争者のそれと区別することを目的とした名称、記号、デザイン、形状などのこと（流通用語1000、商業経済新聞社編）」です。メーカーとしては、他社の商品と差別化した商品を生産することが大切であり、ブランドを開発・育成し、それを維持することが重要です。ブランド・マネジメントのアプローチです。

　メーカーや卸売業が、小売業に対して様々な支援を行うことをリテール・サポートと呼びます。いまや、メーカーも卸売業も、自社の主要な業務の１つに、リテール・サポートを位置付けています。ここで１つ問題が発生します。例えばプラノグラムを例にとってみましょう。メーカーや卸売業は、小売業と同じ立場で、小売業にとって最適なプラノグラムを作成出来るでしょうか。

　小売業とメーカーでは、上述したように戦略の方向が異なります。カテゴリー・マネジメントの視点に立つことが望ましいと考えると、本来リテール・サポートはメーカーでなく、複数メーカーの商品を取扱う卸売業が行うべきといえます。しかし実際には、メーカーの多くは小売業や卸売業以上にカテゴリー・マネジメントに関する知識を持ち、リテール・サポートを行っています。小売業の売り場は、今やメーカーの手助けなしにはあり得ないといって過言ではない程です。

4 販売志向とマーケティング志向

　流通業の経営戦略は、どのようなコンセプトのもとで立案され、そして実施されるのでしょうか。歴史的な流れを示すと、図表4-4のようになります。

図表 4-4　経営戦略におけるコンセプト

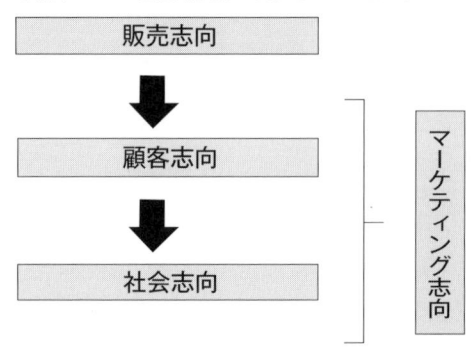

販売志向
↓
顧客志向
↓
社会志向

（顧客志向と社会志向を合わせて）マーケティング志向

　非常に古い時代は、流通業の経営戦略におけるコンセプトは販売志向でした。主たる目的は「商品を売ること」におかれ、不特定多数の消費者を対象にビジネスが行われました。消費者需要に比べ、商品の供給量が少ない時代ですから、販売すれば売れる時代でした。流通業の多くは、消費者一人ひとりのニーズや満足度に気を留めることなく、いかに効率的に販売するか、マスとしての消費者の購買意欲を高めるか、に注力しました。チラシをはじめとするマスマーケティング手法が多用された時代です。
　一方この時代のメーカーは、経営戦略におけるコンセプトは生産志向でした。供給過小の状態ですから、生産すれば売れる時代です。メーカーとしてもいかに安く、短時間で生産出来るか、に関心がおかれました。
　こうした時代におけるマーケティング手法を「プッシュ型マーケティング」と呼びます。
　その後登場したコンセプトが顧客志向です。これまでの時代は、作れば売れ

る、作れば儲かる状態にありましたから、当然供給業者の数は増えていきます。その結果メーカーが乱立し、作り過ぎの状態になります。また流通業としても、売り場に並べたとしても、それだけで飛ぶように売れる時代ではなくなります。

供給過剰の状態が繰り広げられ、メーカーや流通業は、消費者ニーズに合致した商品を、消費者が希望する販売方法及び価格で提供することが望まれるようになりました。ここで初めて、メーカーや流通業は、一人ひとりの消費者のニーズに目を向けるようになります。お客様ありき、市場ありきのいわゆる「プル型マーケティング」の始まりです。消費者ニーズを調査するために、お客様アンケートやグループインタビューなども行われるようになりました。

顧客志向の経営では、主たる目的が「顧客を満足させること」におかれ、特定顧客が対象とされます。一見客ではなく、常連客すなわちリピート客の確保に主眼がおかれるようになります。自分のお店にとって本当に大切なお客様に焦点をあて、ビジネスを行っていこうという考えです。「顔の見えるマーケティング」「One to One Marketing」「顧客識別マーケティング」などと呼ばれるものですが、同手法については第13章の顧客政策のところで詳述することにしましょう。

その後、環境問題をはじめとする社会問題に関心を持つ顧客が増えつつあることもあり、メーカー及び流通業の経営戦略のコンセプトは社会志向と呼ばれるものへ移りつつあります。企業は利益を追求するだけでなく、社会全体への影響も勘案して事業を行っていくべきというものです。地球環境に優しい商品開発をしたり、フェアトレード商品を取扱ったり、店頭段階でリサイクルを行ったり…といった具合です。また顧客の目に見えないところでも、これまでトラックを使用して輸送してきたのを、CO_2削減の観点から鉄道輸送に切替える、いわゆるモーダルシフトを実施する企業が出てきました。

なお、マーケティング志向は、販売志向とは異なり、顧客志向及び社会志向をあわせたような概念になります。今日の流通業は、マーケティング志向のコンセプトの下、顧客や社会と共存していくゴーイング・コンサーン（継続企業のこと）であることが求められるようになりました。

5 経営戦略とマーケティング戦略

① 流通業の経営戦略

　流通業の経営戦略及びマーケティング戦略のフレームワークについて整理することにしましょう。

　経営戦略に関しては、図表4-5に示す三段構造を理解することが重要です。

　例えば、日本を代表する流通業グループであるセブン＆アイグループを見てみましょう。持ち株会社であるセブン＆アイホールディングスの下に、イトーヨーカ堂（総合品揃えスーパー）、ヨークベニマル、ヨークマート（以上スーパーマーケット）、セブン-イレブン・ジャパン（コンビニエンスストア）、そごう・西武（百貨店）、セブン銀行（金融サービス）、ロフト、赤ちゃん本舗、タワーレコード（以上専門店）、セブン＆アイ・フードシステムズ（デニーズやファミールを手掛けるレストラン）など実に様々な事業があります。

図表 4-5　経営戦略の三段構造

全社戦略　→　事業戦略　→　マーケティング戦略

　会社全体としての戦略の下に、これら事業部ごとの戦略が位置付けられます。イトーヨーカ堂とセブン-イレブンでは、当然商品の販売方法は異なることでしょう。そしてその下に位置付けられるのが、事業部ごとに策定するマーケティング戦略です。

流通業の戦略

② 流通業のマーケティング戦略

　マーケティングは、2007年におけるアメリカ・マーケティング協会の定義によると、「顧客、クライアント、パートナー、社会全体にとって価値のある提供物を創造・伝達・配達・交換するための活動であり、一連の制度、プロセスである」とされています。
　マーケティング戦略を構成する4つのPは、製品政策（Product）、価格政策（Price）、プロモーション戦略（Promotion）、流通チャネル政策（Place）です。
　本書ではマーケティング戦略の概念を少し広げて単に戦略とし、図表4-6のように整理することにしましょう。また卸売業に関してもマーケティング戦略より概念を広げ、図表4-7のように整理します。詳細については第6章以降で見ていくことにしましょう。

図表4-6　小売業にとっての戦略

・出店政策	・商品政策
・価格政策	・プロモーション政策
・売り場政策	・顧客政策
・物流政策	・情報政策

図表4-7　卸売業にとっての戦略

・マーチャンダイジング政策	（仕入関連）
・リテール・サポート政策	（販売関連）
・物流政策	（物流関連）

■ ケースで見る流通その4を掘り下げると・・・

　スーパーセンター・マキオの経営がうまくいっている秘訣は何でしょうか。
　まずあげられるのが、徹底した低コスト運営でしょう。過疎地に出店することで土地代が低く抑えられます。また従業員1人あたりの売り場面積は、一般の量販店の2倍以上であり、少ない人員で運営されています。店内の照明は同業他社の半分以下で、暖房も付けません。チラシも行っていません。このように徹底した低コスト運営が実現しています。
　事業分野を広げることは、経営学でいうところの「選択と集中」の逆をいくものであり、いきすぎた多角化はリスクもはらんでいます。しかしそのエリアの住民のあらゆる需要をすくい上げ、顧客を囲い込む戦略としてみると、ヘビーユーザーばかりを作り出しているわけで、非常に巧妙な戦略ということが出来ます。
　同社は単品管理を否定していますが、この単品管理についてはどう評価すれば良いのでしょうか。売れ筋商品に焦点をあわせ、商品の回転率を重視した経営は、今や流通業の経営のイロハともいうべき基本事項です。死に筋アイテムは、廃番扱いになります。これに対し同社では、1年に一度売れる商品であっても品揃えするとしています。こうした品揃えの豊富さが、阿久根町だけでなく、より広域からの集客を可能にしているのでしょう。多少の在庫コスト、廃棄コストを犠牲にしても、圧倒的な品揃えが広域からのお客様の来店を実現しているのだとしたら、その為のコストとして吸収出来るのかもしれません。
　もちろんマキオがうまくいっているからといって、こうしたビジネスモデルを、過疎化の進む他の町が簡単に真似してはいけません。「高齢化社会の到来を見据え、医療サービスを初めとする事業分野の拡大は行いつつも、そのエリアの住民のニーズに合った品揃えに絞る」など、少しでも経営のリスクを下げながら、マキオの事例を参考にしていきたいところです。

5

取引制度の基礎

[本章の構成とねらい]
取引制度は、所有権の移転を伴う商取引活動を行う際、
売り手企業と買い手企業の取引条件などを表すものです。
本章では、この取引制度について考察します。
そもそも取引制度とは何でしょうか？
日本企業と欧米企業では、取引制度はどのように異なるでしょうか？
取引制度は、流通業の戦略にどのような影響を与えるでしょうか？
それぞれ細かく見ていくことにしましょう。

1 ケースで見る流通 その5

★ 賞味期限が延びた！ ★

　最近、多くの食品の賞味期限が延びたことをご存じでしょうか？　袋麺は6カ月から8カ月に、カップ麺は5カ月から6カ月に、レトルトカレーは2年から3年に、といった具合です。消費者にしてみれば、今まで以上に長い間保管出来るようになったわけで、嬉しい限りですが、さてでは、なぜ延びたのでしょうか？

賞味期限
2015. 2.22

　そもそも賞味期限とは何でしょうか？お弁当や生菓子などには、消費期限という言葉が使用されています。傷みやすい商品に使われる用語で、その日を過ぎたら食べない方が良いですよ、という期限のことです。これに対し、加工食品のように日持ちのする商品には賞味期限という言葉が使われています。すぐに食べられなくなるわけではないですが、美味しく食べるには賞味期限内が良いですよ、というものです。

　これまではまだ食べられるにも関わらず、賞味期限が過ぎたから捨てなきゃ…ということが行われてきました。

★ 賞味期限が延びたわけ ★

　賞味期限が延びた理由としては、次の3点が指摘されています。
　先ずは技術進歩です。メーカーの品質管理のレベルが飛躍的に向上したにも関わらず、これまで賞味期限は、多くの企業において過去何十年も変更されずにきました。それを今一度見直し、現状の技術レベルにあった賞味期限にしたというものです。
　次に、東日本大震災を経たのち、消費者の間に「食べられるのに捨てるのは

もったいない」という考えが浸透したという理由です。

　最後に、業界慣習とされるものですが、食品業界には3分の1ルールがあります。3分の1ルールでは、製造日から賞味期限までの期間を3つに分けます。そして最初の3分の1はメーカーと卸売業が使用してよい時間、次の3分の1は小売業の時間、最後の3分の1は消費者の時間、というように定めます。図表5-1は、賞味期限が6カ月で1月1日に生産した食品の例ですが、小売業は2月28日を過ぎるとその商品を仕入れてくれません。また店頭の棚にある場合は、4月30日を過ぎると撤去されます。こうした業界慣習があるため、わが国では返品や廃棄が多いとされてきました。今回賞味期限が延びたのは、こうした現状を少しでも改めようという動きだとするものです。

図表5-1　加工食品における3分の1ルール

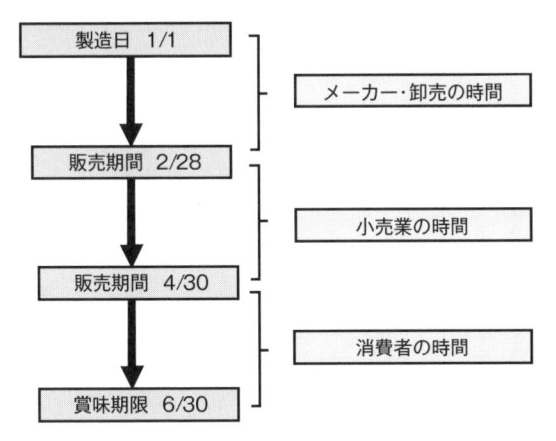

```
製造日 1/1
   ↓           ┐
               ├ メーカー・卸売の時間
販売期間 2/28  ┘
   ↓           ┐
               ├ 小売業の時間
販売期間 4/30  ┘
   ↓           ┐
               ├ 消費者の時間
賞味期限 6/30  ┘
```

さてこの事例から、以下の点を考えてみることにしましょう。

◆3分の1ルールはあった方が良いか、ない方が良いか？
◆そもそも賞味期限は必要なのだろうか？
◆賞味期限を延ばすことは、返品・廃棄問題の抜本的な解決といえるか？
◆賞味期限ギリギリの商品を安く買いたい消費者もいるのではないか？
◆返品・廃棄問題を解決するにはどうしたら良いか？

2 取引制度と取引慣行

① 商流とは何か

　第1章で、消費と生産の間にギャップがあり、そのギャップに架橋する（橋をかける）のが流通であると説明しました。色々なギャップがありますが、その中で「所有権のギャップ」に橋をかける役割を持つのが商流です。本章はこの商流について見ていくものです。商流とは、「商品の売買によって商品の所有権が移転する商取引活動」を意味します。

② 商物分離型システム

　日本では、商流の視点から見た流通経路と、物流の視点から見た流通経路が大きく異なっています（図表5-2）。商流の視点から見ると、一部のケースを除き、卸売業を経由しない取引はありません。しかし物流の視点から見ると、卸売業を中抜きし、メーカーから小売業の専用センターまで直送されるケースが少なくありません。

図表5-2　商流及び物流の視点から見た流通経路

商流の視点

メーカー → 卸売業 → 小売業 → 消費者

物流の視点　　　　　　小売業による、川上段階の流通機能の統合

メーカー → 卸売業 → 小売業専用センター → 売り場 → 消費者

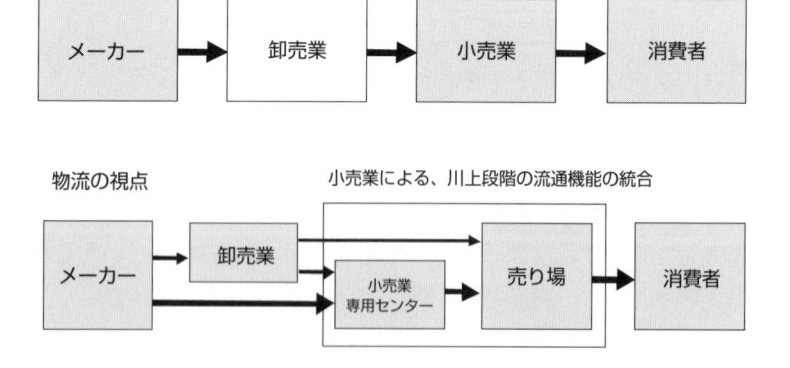

このように商流の視点から見た流通経路と、物流の視点から見た流通経路が異なる流通システムのことを「商物分離型システム」といいます。欧米諸国では「商物一致型システム」です。

③ 取引制度とは何か

取引制度は、所有権の移転を伴う商取引活動に関する取決め事項です。売り手企業と買い手企業の間で、取引を開始する前に決めておきます。

第二次世界大戦以降、1970年代に入るまで、日本の流通経路（チャネル）におけるチャネルキャプテンはメーカーでした。チャネルキャプテンとは、チャネルの中で主導権を握り、ビジネスのあり方を決める存在のことです。取引制度はこの時代に作られました。全国津々浦々の小売業にきちんとかつ効率的に商品を販売・配達し、その売上を漏らすことなく回収することが目的です。つまり取引制度は、メーカーが作成するのが一般的です。

1970年代以降は、全国規模で店舗展開をする大手小売業の台頭が顕著になり、チャネルキャプテンの座は、メーカーから小売業に移りました。メーカーが作成した取引制度に従わず、卸売業を介在させずにメーカーと直接取引をしたり、メーカーの物流サポートを受けずに小売業自らメーカーまで商品を引取りに行ったりする小売業が出始めました。

④ 取引慣行・慣習とは何か

売り手企業と買い手企業の取引の内容は、通常は書面化されます。文章の形にされて、契約が交わされます。取引慣行や慣習とは、正式な形で契約はされていないものの、昔から行われていることを指します。

第1節で見た賞味期限に関する業界慣習の3分の1ルールや、商品を店舗まで配送するドライバーが商品をバックヤードから店頭の棚に陳列する作業まで行うなど、両者の暗黙の了解のうちに実施されているものが少なくありません。

3 わが国の取引制度の特徴

わが国の取引制度の特徴は、①特約店制度、②三段階建値制度、③小売店着価格制度、の3つに大別されます。

① 特約店制度

特約店とは、あるエリアにおいて、指定された商品を優先的（あるいは独占的）に販売する権利を、メーカーから与えられた卸売業のことです。つまりあるエリアでは、特約店に指名された卸売業以外の企業は、メーカーからその商品を直接購入することが出来ません。特約店から商品を購入する卸売業を二次卸と呼びます。

特約店は、もともとメーカーが、全国各地にある小売業に商品を配達し、そこからの売上を回収するという業務を任せたことに端を発します。つまりメーカーは、自社の販売システムの中に特約店を組込んだわけです。

こうした背景もあり、わが国の卸売業は、エリアごと、商品ごとにビジネスを行うようになりました。わが国において、あるエリアで、ある特定のカテゴリーに特化した業種卸が多いのは、こうした背景に拠ります。

② 三段階建値制度

メーカーの価格政策に関するものです。古い時代に、メーカーがチャネルキャプテンとして、流通の各段階における価格決定権を持っていたからこそ可能になった制度です。

三段階とは、1)メーカー出荷価格、2) 希望卸売価格、3) 希望小売価格、の3つのことです。希望小売価格をベースに、その何割掛けという形で、希望卸売価格やメーカー出荷価格が決定されます。

近年では、オープン価格制度を導入する企業が増えてきました。メーカーは自社の出荷価格だけを決定し、卸売業や小売業は、自由に価格を設定できると

いうものです。これにより、価格制度の透明性があがり、小売業の低価格化に向けた努力が売価に反映出来るようになりました。

　もっともメーカーと卸売業間の取引では、現在も建値をベースに行われることが一般的です。

③ 小売店着価格制度（店舗荷受け渡し価格制度）

　わが国では、売り手企業と買い手企業が商品を売買する場合、その取引価格には、買い手企業の軒先まで商品をお届けする物流コストやその他諸々の流通コストが含まれます。メーカーや卸売業が小売業と取引する場合、その取引価格のことを小売店着価格（店舗荷受け渡し価格）と呼びます。貿易用語のCIFの考え方に則った取引です（図表5-3）。これに対し、欧米諸国では基本的に製（生）販価格をベースにした取引です。これにかかった流通コストをコストオンしていくという方式で、FOBの考え方をベースにしています。

図表 5-3　CIF と FOB

CIF：Cost Insurance and Freight
「運賃・保険料込み条件」のこと。商品の納入価格には、物流をはじめとするサービスコストが含まれる。買い手は物流費込みの金額を支払う。 　⇒店着価格の考え方
FOB：Free On Board
「本船渡条件」のこと。売り手は、買い手の指定する船積み港で、買い手の指定する船舶に商品を積込むことで売買終了となる。 　⇒製（生）販価格の考え方

　ここで問題なのは、小売店着価格制度が導入されている以上、メーカーや卸売業が小売業にどんなに付加価値の高いサービスを提供したとしても、納品価格は一定だということです。そうした様々なサービスに対する支払いは、納品価格に含まれているというわけです。どのようなサービスを受けようと、小売業は同一価格で商品を購入できるとなれば、当然小売業はメーカーや卸売業に対し、過剰サービスを要求することになります。

4 建値制度の構造

前節で見た取引制度の内容のうち建値制度について見ていきましょう。図表5-4は、メーカーが取引先である卸売業に対して提示する、一般的な形を示したものです。メーカーの直接の取引相手は卸売業であるため、卸売業向けの取引制度になっています（通常、小売業との直接取引は想定されていません）。

図表5-4　建値制度の内容（対卸売業）

基準価格（生産者価格）		
取引機能割引	販売機能割引	基本手数料
		帳合手数料
		分荷手数料
	購買機能割引	物流条件割引
		発注条件割引
		決済条件割引
流通販促費	期間リベート（卸売業向け、小売業向け）	
	販促企画費（卸売業向け、小売業向け）	
ネット価格＝基準価格－取引機能割引－流通販促費		

図表5-4は縦に読みます。まず基準価格が設定されます。これは実際の取引で使用される価格ではなく、最初に決める「建値」です。

それから取引機能割引、流通販促費といった割引や補填があり、それを調整した上で実際の取引価格であるネット価格を決定するという流れです。大まかに構造を理解した上で、次に詳細にわたって見ていくことにしましょう。

① 販売機能割引（取引機能割引）

取引機能割引は、メーカーにとっての取引先である卸売業が、自社（メーカー）、二次卸、小売業といった企業とどのような取引をしているか、によっ

て割引内容を決めるというものです。販売機能割引は、本来メーカーが小売業や二次卸に対して販売機能を提供するところを、卸売業が代替してくれるので、その働きに対して支払いましょう、というものです。卸売業の存在や働きを評価するものであり、三段階建値制度の維持を前提にした内容といえます。それぞれの手数料の内容は、下記のようになります。

> 基本手数料：小売業との取引に対する割引・割戻
>
> 帳合手数料：二次卸との取引がある場合の割引・割戻
>
> 分荷手数料：卸売業が物流機能を担う場合の割引・割戻

② 購買機能割引（取引機能割引）

　一方購買機能割引は、買い手企業（この場合は卸売業）の購買機能が異なることを前提に、取引の効率化が促進される場合に支払うものです。それぞれの割引の内容は、下記のようになります。

> 物流条件割引：発注ロット数量や配送ロット数量に応じた割引・割戻
>
> 発注条件割引：EOS（電子発注システム）等に対する割引・割戻
>
> 決済条件割引：現金での支払いや支払いサイトの長さに応じて支払うもの

③ 流通販促費

流通販促費は、期間リベートと販促企画費に大別されます。

> 期間リベート：一定期間のプロモーションによる販売実績を評価して、
> 　　　　　　　事後に報償あるいは謝礼として支払うもの
>
> 販促企画費　：個々のプロモーションを対象にした流通対策費
> 　　　　　　　エンド大陳やチラシ等への協賛金など

5 取引制度が流通業の戦略に与える影響

① A社が行った取引制度の改訂の内容

　取引制度は、所有権の移転を伴う商取引活動を行う際の取決め事項であり、売り手企業と買い手企業の間で、取引を開始する前に決めておくものです。売り手と買い手以外の人たちに見せる必要はなく、またある企業にとって、A社との取引、B社との取引というように、取引相手が異なると、それに応じて取引制度の内容を変える場合があります。取引制度とは、守秘義務に守られた、機密事項であるといって良いでしょう。このため、実際の取引制度の内容が外部に出てくることはあまりありません。

　以下、広く知られる実際のA社の事例をもとに、少し内容を変更したものを考察してみましょう。発表当時、小売業との直接取引の道を切り拓くものとして大いに注目されました。

　わが国の取引制度の特徴である、A特約店制度、B三段階建値制度、C小売店着価格制度、の3つが廃止されたことが分かるでしょう。海外では一般的とされる、欧米型の取引制度が採用されました。

図表 5-5　A社（メーカー）が行った取引制度改訂のポイント

- 取引の資格要件を満たした事業者であれば、卸売業であれ、小売業であれ同じように処遇する（特約店制度は廃止）
- 所有権は、メーカー出荷時に移転する（FOBの考えの採用）
- 三段階建値制度は廃止
- 物流センターフィー、特別協賛金、その他リベートの支払いは不可

取引制度の基礎

図表5-6　A社の取引制度におけるロット割引

・最低配送ロット基準は100ケースとする。	
・基本的な価格体系を下記のように定める（ロット割引の設定）	
一度に　100〜299ケースを購入する場合	：ベース価格
300〜599ケースを購入する場合	：1.0％引き
600ケース以上	：2.0％引き
工場直送・10トン、パレット納品の場合	：3.0％引き

② 流通業の戦略に与える影響

　①で見たような取引制度の改訂が行われると、流通業にはどのような影響があるでしょうか。

　取引の資格要件を満たした事業者であれば、卸売業であれ、小売業であれ、同じように処遇するということは、メーカーは小売業との直接取引を容認したことを意味します。規模の大きい小売業や、小売業グループは、卸売業の代わりにメーカーと直接取引が出来るというわけです。卸売業は、大口の取引先である小売業に関し、帳合（取引）をなくす可能性が出てきます。

　また所有権の移転時期が、メーカー出荷時に前倒しされたということは、流通業の軒先まで届けるのにかかる様々な流通コストが、これまでとは違い、オプションの扱いになるということです。高サービスには高価格が、低サービスには低価格が請求されるようになります。このメニューを選択した場合は○○円という料金体系になるわけで、このような仕組みを「メニュープライシング」といいます。

　また三段階建値制度が廃止され、物流センターフィー、特別協賛金、その他リベートもなくなりました（物流センターフィーは、第14章で考察します）。

　取引制度を変更することで、卸売業や小売業の様々な政策に大きな影響があることがお分かり頂けることでしょう。

ケースで見る流通その5を掘り下げると・・・

　今回、賞味期限が延びた背景には、2011年に、メーカー、卸、小売業の大手約40社が一堂に介し、経済産業省の旗振りの下、「製・配・販連携協議会」を発足させたことがあげられます。主要企業が集まり、食品の廃棄・返品問題について議論がなされました。そして、現状の枠組みを維持したままで、賞味期限の延長という方法が高い支持を集めました。

　メーカーや流通業が自信を持って販売できる期限を定めること自体は、問題ないでしょう。自社で扱う商品を口にした消費者から、何らかのクレームや、また健康被害などが報告されたら大変です。リスクヘッジの観点からも、しっかりとした品質管理をすることが望まれます。

　しかしここでいう3分の1には、何か意味があるのでしょうか？　もしかしたら自己責任のもと、賞味期限ギリギリの商品を安く購入したい消費者がいるかもしれません。賞味期限を延ばすと同時に、メーカー及び卸売業、小売業、消費者の三者がそれぞれ3分の1ずつ持ち合うということが、どこまで妥当性があるのかについても検討しなければなりません。

　なお食品の返品・廃棄問題を抜本的に解決するには、小売業から卸売業やメーカーに対して行われている返品をなくさなければなりません。現状では、取引制度の不備もあり、メーカーや卸売業からのトラックの帰り便で回収するなど、返品が簡単に行われています。その費用負担も、メーカーや卸売業がかぶるケースが少なくありません。小売業は自社専用の物流センターを持っていますが、ここに商品を在庫する場合、小売業の専用センターであるにも関わらず、店舗からの発注がまだということで、所有権はメーカーや卸売業にあるいわゆる「預かり在庫」「預託在庫」なるものもあります。

　このように、返品・廃棄の問題ひとつを見ても、単に3分の1ルールなる業界慣習を微調整すれば済むというものではありません。

6

小売業とは何か

[本章の内容]
小売業の基礎について整理することにしましょう。
小売業は流通三層の中でどのように位置付けられるでしょうか？
小売業の店舗形態にはどのようなものがあるでしょうか？
近年成長著しい、無店舗チャネルにはどのような種類があるでしょうか？
さらに経営の視点からも分析します。

1 ケースで見る流通 その6

★アマゾンvs楽天vsヤフー★

　無店舗販売の一形態であるインターネット通販ビジネスが活況を呈しています。皆さんは、インターネットで商品を購入したことがありますか？どのような商品を購入しましたか？

　この業界の牽引役ともいえる企業が、アマゾン、楽天、ヤフーの3社です。熾烈な競争を展開しています。各社の最近の動向について考察してみましょう（2014年5月現在）。

① **アマゾン**

　米国企業であるアマゾン・ドット・コムの日本法人がアマゾンジャパンです。2013年の売上高は1兆円を超えました。アマゾンのビジネスモデルは「直販モデル」と呼ばれるものです。アマゾン自ら商品在庫を持ち、薄利多売を追求しています。

　これまでメディア関連（書籍、音楽、映像など）の商品や電子製品などの取扱いを強みにしてきましたが、近年では食品、ファッション、健康・美容関連などの品揃えを強化しています。

　最近は、楽天の牙城とされてきた仮想モール（商店街）事業にも力を入れています。モールの出店者向けに最大5,000万円の融資制度を設けたほか、商品配送業務の代行なども開始しました。

② **楽天**

　楽天のビジネスモデルは「仮想モールモデル」です。ネット上のマーケットプレイスに出店してもらい、手数料を得るというものです。自社で商品を在庫しないため、リスクを低く抑えることが出来、売上高営業利益率は約20％と、

高収益体質になっています。商品だけでなく、旅行予約サイト、銀行、証券、カード、チケット販売等も手がけています。

近年、アマゾンを意識したのか、巨大物流センターの建設を進めています。アマゾンと異なり商品そのものは保有しませんが、出店者に商品を保管してもらい、配送作業などを行うというものです。

また仮想モール事業では、人手が足りない出店者に人材を紹介するサービスや、モールの出店者向けに最大3,000万円の融資制度も設けました。

③ **ヤフー**

アマゾン、楽天に遅れをとった感のある同社ですが、近年、仮想モール事業で攻勢を開始しました。

先ず行ったのが、出店料及び売上手数料の無料化です。これにより出店数が大幅に増加しました。また中小企業や個人は、審査後最短5分で出店出来るようになりました。

さてこの事例から、以下の点を考えてみることにしましょう。

◆アマゾン、楽天、ヤフーの強み、弱みは何か？
◆今後、これら企業の勝敗は、どのようになると思われるか？
◆出店者からすると、どのサービスが一番魅力的か？
◆消費者からすると、どのサービスが一番魅力的か？
◆一般企業は、これら企業をどのように活用すべきか？

2 流通チャネルにおける小売業の位置付け

① チャネルキャプテン

　第5章第2節で、消費財流通におけるチャネルキャプテンについて触れました。その変遷を今一度整理すると、図表6-1になります。卸売業、メーカー、大手チェーンストア（多店舗展開をする大手小売業のこと）と、その座が変化しています。チャネルキャプテンとは、流通チャネルにおいて主導権を握っている企業のことです。

図表6-1　チャネルキャプテンの変遷

第二次世界大戦前	卸売業
第二次世界大戦後	メーカー
1970年代以降	大手チェーンストア

　第5章で見た取引制度は、メーカーがチャネルキャプテンだった時代に作られたものです。1970年代以降大手チェーンストアは、店舗の全国展開及び品揃えのフルライン化に着手しました。そして巨大なバイングパワーを手にし、主導権を握り、流通システムの改革を断行し始めました。

② 取引依存度

　売り手企業と買い手企業のパワーバランスを考える際、取引依存度という概念を理解することが大切です。これは相手に対する依存度を表します。

　例えば、売り手企業（メーカー：売上高1,000億円）と買い手企業（小売業：売上高1兆円）の取引額が100億円であったとしましょう。メーカーにとってはこの取引は自社の売上高の10％を占める重要な取引です。しかし小売業にとってはわずか1％を占めるものにしかなりません。あくまでも量的側面に限定した議論ではありますが、売上高が大きければ大きいほど相手に対する取引

依存度を下げられるというわけです。1970年代以降のチェーンストアは売上高を飛躍的に拡大させる形で、メーカーや卸売業に対する依存度を下げていきました。

③ 上位集中度

　取引依存度によく似た概念に、上位集中度というものがあります。例えばメーカーにとって、上位10社の小売業で売上げの何パーセントを占めるか、上位5社で何パーセントを占めるか、というものです。

　ヨーロッパの国々、特に北欧諸国では、数社の小売業が市場の大半を占めるような寡占状態になっています。メーカーは数少ない小売業と取引をすればよく、協働作業（コラボレーション）を行うこともしばしばです。これに対してわが国では、小規模な小売業、小規模なメーカーが多く、それぞれ上位集中度が低い状況になっています。このため、メーカーと小売業が直接やり取りをするよりも、卸売業に間に入ってもらう形でビジネスを行う方が効率的といえます。わが国では小売業は卸売業から商品を仕入れますが、欧米諸国では、メーカーと小売業が直接取引する形が一般的です。

④ 規模拡大を実現する方法

　相手企業に対する取引依存度を下げるためにも、小売業としてはある程度の経営規模を維持することが大切です。そのため、近年M&Aを通じた経営統合が数多くなされてきました。

　その他、規模拡大の方法としては、フランチャイズ組織によるもの、共同組織によるもの、などがあります。共同組織としては、ボランタリーチェーン方式があります。小規模の独立した業者が、独立性を維持した状態で、運営上の共同活動を行うというもので、わが国では、全日食チェーンや、シジシージャパンといった大手企業があります。また共同組織には、ボランタリーチェーン方式のほかに、消費生活協働組合（生協）などもあります。

3 小売業の店舗形態

① 無店舗販売

　小売業の販売形態は、無店舗型（店舗を開設しないで販売）、有店舗型（店舗による販売）の2タイプに大別されます。これまで有店舗型がメインでしたが、近年、無店舗型チャネルが急速にシェアを高めています。

　無店舗販売の代表的なものを見てみましょう（図表6-2）。なかでも通信販売によるものが急成長を遂げています。わが国でも、アマゾンや楽天のサービスの利用者は多いことでしょう。多くの流通業が手がけるネットスーパーの利用客も増加しつつあります。これからの時代を考えると、高齢化が進み、店舗に行かずにショッピングをする方が増えると思われることから、ご用聞きや宅配などのサービスも伸びていくことでしょう。

図表6-2　無店舗販売の種類

種類		内容
通信販売	インターネット	ネット通販、ネットスーパーなど
	テレビショッピング	テレビの番組やCMを通じて
	カタログ・DM	カタログ情報誌やDMを通じて
訪問販売		販売員が家庭や職場を訪問（一見客）
ご用聞き		近隣の店舗の販売員が、定期的に家庭や職場を訪問（常連客）
移動販売		トラックやライトバンで商品を販売。さお竹、生鮮野菜など
電話勧誘販売		家庭や職場に電話をかけることによって商品を販売
連鎖販売取引		個人を勧誘して商品を販売する形態
自動販売機		清涼飲料水、タバコなど
宅配・仕出し		ピザ、寿司の出前など
産地直送		生鮮野菜、鮮魚、精肉、また特産品のお取寄せなど
共同購入		生協の共同購入
月極め販売		新聞、牛乳など

② 有店舗販売

有店舗販売には、様々なものがあります。図表6-3は、そのなかの代表事例に絞って考察したものです。なお※印をつけたところは、次章で詳述します。

日本独自の店舗形態、海外にしかない形態など、様々なものがあります。

図表6-3 有店舗販売の店舗形態

種類	特徴
百貨店※	個店別・部門別に品揃え・仕入れを実施
総合品揃えスーパー※	衣食住の全てにわたり、総合的に品揃えをする
スーパーマーケット※	食品の取扱い比率が70％以上
コンビニエンスストア※	最寄品の中でも、緊急性の高い約3,000品目を揃える
ドラッグストア※	一般用医薬品の取扱いをメインとし、食品も揃える
薬局・薬店	薬局医薬品の取扱いをメインとする。調剤薬局など
ホームセンター	日曜大工品、園芸関連品などを揃える
専門店※	ある特定カテゴリーの取扱い比率が90％以上を占める
ディスカウントストア	低価格販売を実現するため、低コスト運営を徹底
ウェアハウスストア	ホールセールクラブのこと。倉庫型店舗
アウトレットストア	ブランド品の流行遅れ、多少の傷モノなどを安く販売
業種店	従来からある、八百屋、魚屋など

（注）※をつけた店舗形態は、次章で詳述する。

図表6-4 海外における店舗形態

種類	特徴
ハイパーマーケット	総合品揃えスーパー（食品も取扱う） カルフール（仏）の主力店舗形態
スーパーセンター	大型スーパーマーケット＋ディスカウントストア ウォルマート（米）の主力店舗形態
ネイバーフッド・マーケット	スーパーマーケット＋ディスカウントストア ウォルマート（米）の店舗形態
ハードディスカウンター	品揃えを極端に絞り込んだ低価格販売の店舗形態 アルディ（独）の主力店舗形態

4 決算書の見方

① 決算書の種類

　小売業は、他の月に比べてニッパチ（2月と8月）の販売が芳しくないことから時間に比較的余裕があります。そのせいか、一般企業の決算月は3月末が多いのに対し、小売業は2月末に設定されることが大半です。

　決算書には、損益計算書、貸借対照表、キャッシュフロー計算書の3種類があります。

　損益計算書は、会計期間である1年間（あるいは四半期）に、どのような経営成績を残したか示すものです。フローの概念です。これに対し貸借対照表は、決算日における財政状態を示したものです。ストックの概念です。またキャッシュフロー計算書は、会計期間である1年間（あるいは四半期）における、実際の現金や預金の流れすなわちキャッシュフローを表すものです。

　こうした情報は、それぞれの企業のホームページから入手することが出来るほか、下記のサービスを利用することが出来ます。

図表6-5　有価証券報告書（簡易版を含む）の入手先（2014年6月末時点）

EDINET	http://disclosure.edinet-fsa.go.jp/
NIKKEI NEEDS Financial QUEST	http://finquest.nikkeidb.or.jp/ver2/online/ （有料）
ユーレット	http://www.ullet.com/
ヤフーファイナンス	http://finance.yahoo.co.jp/

② 単体決算と連結決算

　決算には、単体決算（単独決算）と連結決算があります。単体決算は、1つの会社だけの決算をするもので、連結決算は企業グループを1つの企業として計算するものです。複数企業の経営指標の比較分析を行う際は、単体の数値で

あれば単体同士を、連結の数値であれば連結同士を考察します。

③ 損益計算書

販売活動の結果である損益計算書において、特に覚えておくべき科目は、図表6-6に示すとおりです。

図表6-6　損益計算書に出てくる、覚えておくべき科目

科　目	説　明
営業収益	売上高＋営業収入（不動産賃貸収入など）
売上総利益	売上高－売上原価　　　　　　　：粗利益ともいう
営業利益	営業収益－売上原価－営業費　　：本業の儲け
経常利益	営業利益＋営業外損益　　　　　：企業としての儲け
当期純利益	経常利益＋特別損益　　　　　　：最終的な儲け

④ 値入高と値入率

商品の売価（販売価格）を決めることを値入といい、その金額を値入高といいます。値入高は、売価から仕入原価を差引くことで求められます。

粗利と非常に似た概念ですが、値入高が仕入時に計画した利益を意味するのに対し、売上総利益（粗利）は、販売時に実現した利益を表します。

仕入時に計画した利益すなわち値入高を常に念頭におきつつ、値引き等のプロモーションを行っていくことが大切です。

値入高と値入率に関する数式は下記の通りです。

図表6-7　値入高と値入率に関する数式

```
値入高            ＝  仕入売価－仕入原価
売価値入率（％）  ＝  （値入高／仕入売価）×100
                  ＝  （（仕入売価－仕入原価）／仕入売価）×100
原価値入率（％）  ＝  （（仕入売価－仕入原価）／仕入原価）×100
```

5 主要な経営指標

決算データを用いた経営指標分析のうち、以下、代表的なものについて見ていくことにしましょう。

① 損益関連指標

売上高に占める利益の割合を示すものです。売上総利益（粗利）は、全ての利益の元になるもの、営業利益は本業の利益、経常利益は企業としての利益、当期純利益は今期の最終的な利益、を示します。

売上高の代わりに営業収益を用いても構いません。

図表6-8　損益関連指標

売上高総利益率（％）	＝売上総利益／売上高
売上高営業利益率（％）	＝営業利益／売上高
売上高経常利益率（％）	＝経常利益／売上高
売上高当期純利益率（％）	＝当期純利益／売上高

② オペレーション関連指標

1店舗あたり、売り場面積1㎡あたり、従業員1人あたり、などの単位で、様々な数値を見て分析します。

図表6-9　オペレーション関連指標

1店舗当り売上高	＝売上高／店舗数
1店舗当り売り場面積	＝売り場面積／店舗数
1店舗当り従業員数	＝従業員数／店舗数
従業員1人当り売上高	＝売上高／従業員数
従業員1人当り営業利益	＝営業利益／従業員数
従業員1人当り売り場面積	＝売り場面積／従業員数
売り場面積当り売上高（売り場生産性）	＝売上高／売り場面積

③ 財務関連指標

　流動比率は短期的な資金繰りを、固定比率及び固定長期適合比率は長期的な資金繰りを見るものです。また自己資本比率は、総資本（総資産）のうちどの程度が自己資本でまかなわれているかを示す指標です。流動比率は100％以上が、固定比率及び固定長期適合比率は100％以下が、自己資本比率はおよそ30％以上が望ましいとされています。

図表6-10　財務関連指標

```
流動比率（％）          ＝（流動資産／流動負債）×100
固定比率（％）          ＝（固定資産／自己資本）×100
固定長期適合比率（％）  ＝{固定資産／（自己資本＋固定負債）}×100
自己資本比率（％）      ＝（自己資本／総資本）×100
```

④ 資本の回転率に関する指標

　総資本や在庫が、何回転することで売上高を達成したか見るものです。総資本回転率は、流通業では最低でも1.5回以上が望ましいとされています。

図表6-11　財務関連指標

```
総資本回転率（回）  ＝売上高／総資本
商品回転率（回）    ＝売上高／商品在庫高
商品回転日数（日）  ＝1年間（365日）／商品回転率
```

⑤ 経営指標の関する指標

　経営成果の最終的な評価をするための指標です。高ければ高いほど望ましいとされます。

図表6-12　最終的な経営成果に関する指標

```
総資本経常利益率（ROA）  ＝経常利益／総資本
自己資本利益率（ROE）    ＝当期純利益／自己資
```

■ ケースで見る流通その6を掘り下げると・・・

　アマゾンは米国で1994年に誕生した企業です。情報システムや物流システムに膨大な投資をし続けた結果、赤字が膨らみましたが、2002年に営業利益が黒字化し、2009年にこれまで繰越してきた欠損金が片付きました。

　この企業の強みであり弱みであるところは、物流センターを持ち、自社で商品を在庫している点でしょう。在庫しているからこそ、利用者から注文があった時、すぐに配送することが出来ます。

　楽天は、これまで強みとしてきた仮想モール事業に、アマゾンやヤフーが攻め込んで来ていることもあり、いくぶん守りに立たされている感が否めません。同社はこれまで高収益をあげてきましたが、これはそのビジネスにそれだけ旨みがあるということの証左です。今後ますます熾烈な競争が繰り広げられることでしょう。

　なお楽天がアマゾンの直販モデルを意識し、物流センターの建設・運営を手がけていることについては、商品そのものを持たないモデルであり、リスクヘッジをしていることから非常に上手な戦略といえます。こうしたサービスは、仮想モール事業の出店者に対するサービス強化にも繋がることでしょう。出店者をあらゆる面からサポートをし、囲い込んでいく戦略です。

　ヤフーの強みは、強力な閲覧サイトを持っていることでしょう。携帯電話会社のイー・アクセスを買収しましたが、パソコンだけでなく、スマートフォンからの利用拡大も計画しているとのことです。

　インターネット通販市場は、右肩上がりで成長しています。今後、引続き成長していくと見て間違いないことから、いずれの企業も負け組になることなく、成長を遂げていくことでしょう。しかしあるちょっとした契機で、相関図が大きく変わってしまうのもこの業界の特徴です。他社の動きを注視しつつ、自社の強み、弱みを意識した運営が重要だといえるでしょう。

7

店舗形態

[本章の内容]
第6章で、小売業には
「無店舗型」と「有店舗型」の2つのタイプの
販売形態があることを学びました。
本章ではこのうち有店舗型に焦点をあて、
具体的にはどのようなものがあるか考察してみることにしましょう。
わが国における代表的な店舗形態として、
総合品揃えスーパー、スーパーマーケット、ドラッグストア、百貨店、
コンビニエンスストア、専門店を取上げます。

1 ケースで見る流通 その7

★ 高齢者向けご用聞きサービス ★

　西日本鉄道の子会社である西鉄ストア（福岡市）は、2012年度から「お買い物代行サービス」を行っています（図表7-1）。他の小売業が行うネットスーパーとは異なり、高齢者対策をうたっています。
　注文は、インターネット、電話、FAX、スタッフの訪問、のいずれの方式でも行うことが出来ます。なお実際のサービスはセイノーホールディングスの子会社であるココネット（東京）が行うため、ココネットのサービスである「喜くばり本舗」への会員登録が必要です（登録料は無料）。
　サービスの内容は、当日朝10時までに商品を注文すると、最短で当日の15～16時に届けてくれるというものです（インターネット及び電話による注文の場合）。配送料は1回315円ですが、ネットによる4,000円以上（税込）の注文の場合は、送料無料です。
　ここまでの内容は、他の小売業が行うネットスーパーとあまり変わりがありませんが、①商品を届けた時、②近隣へ商品を届けた後の来訪時、③月刊誌の配布時、④電話にてスタッフの訪問を依頼した時、などにスタッフが家を訪問してくれるのだそうです。①や④は普通ですが、②や③は、特に用事がないのに、わざわざ家に来てくれることになります。
　さらに2013年からは「見守りサービス」を開始しました。月額一律880円を支払うと「ご用聞きサービス」を受けられるというものです。ココネットの従業員（30～40代の女性スタッフ）が少なくとも週1回、高齢者宅を訪問し、要望を聞いてくれます。買い物の注文を受けるほか、生活に異常がない

かなどを確認しに来ます。さらに別額880円を支払うと、その様子を親族にメールで伝えてくれるというサービスもあります。

また提携するクリーニング店への取次も開始しました。ご用聞きの流れは、図表7-1に示す通りです（いずれも2014年6月時点の情報）。

図表7-1　西鉄ストアの御用聞きサービス

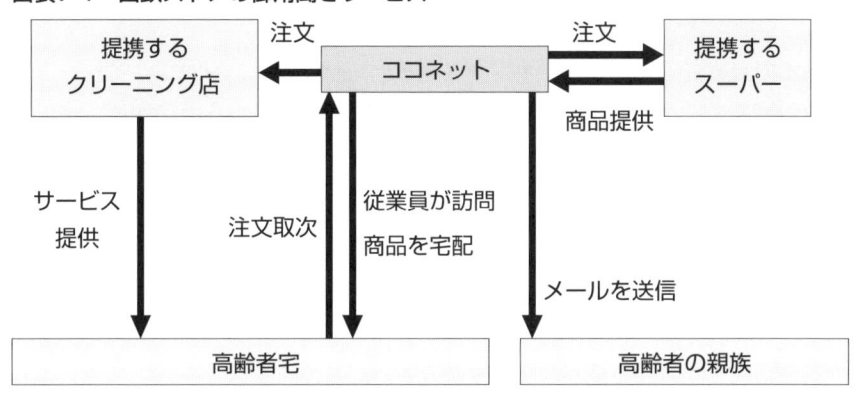

```
┌──────────┐  注文   ┌──────────┐   注文   ┌──────────┐
│ 提携する  │ ←───── │ ココネット │ ←─────  │ 提携する  │
│クリーニング店│         │          │          │  スーパー │
└──────────┘         └──────────┘  商品提供 └──────────┘
      │                 ↑  ↓                    │
  サービス            注文取次 従業員が訪問     メールを送信
   提供                     商品を宅配            │
      ↓                     ↓                    ↓
┌──────────────────────────┐         ┌──────────┐
│        高齢者宅            │         │高齢者の親族│
└──────────────────────────┘         └──────────┘
```

さてこの事例から、以下の点を考えてみることにしましょう。

◆通常のネットスーパーのビジネスモデルと違うところは？
◆クリーニング店のほかに、どのような店舗やサービスと提携可能か？
◆ココネットではなくスーパーが主体的にサービスを提供することは可能か？
◆こうしたサービスに新規参入しそうな業界・業種はどこか？
◆こうしたビジネスは、どのようなエリアで可能性があるか？

2 総合品揃えスーパー・スーパーマーケット・ドラッグストア

① 総合品揃えスーパー

　日本の流通業の売上高ランキングを見ると、上位企業に、イオン、イトーヨーカ堂、ダイエー、西友といった企業が入っています。これらはいずれも総合品揃えスーパーと呼ばれるものです。General Merchandise Store、略してGMSです。

　GMSはもともと米国で発展した店舗形態です。米国では、食品と車を除いた日常生活に必要な商品全般を品揃えする店舗形態を指します。シアーズ・ローバック、JC・ペニーなどがあります。

　しかし日本では、食品も取扱う業態です。総合の意味は「衣・食・住」をそれぞれ3分の1くらいずつ品揃えしているという意味です。日常生活に必要な商品全般を取扱うことで、消費者はワン・ストップ・ショッピングの利便性を享受出来ます。総合品揃えスーパーと同様の店舗形態に、フランスのカルフールなどが展開するハイパーマーケットがありますが、これも食品を取扱う業態であり、フランスでは売り場面積2,500㎡以上と定義されています。ハイパーマーケットはヨーロッパで多く見られるものですが、日本のGMSと同義と考えて良いでしょう。

　なおGMSは、スーパーマーケット、ドラッグストア、ディスカウントストアなどと同じように、チェーンストア形態を採っています。複数の店舗を本部がコントロールするというもので、経営方針、商品企画、仕入れ、予算、人事、出店など、重要な意思決定は本部が行います。

　これまで総合品揃えスーパーは、駅前や郊外などの立地に、大規模な店舗を構えるのが一般的でした。特に最近は、モータリゼーションの進展に伴い、郊外でショッピングセンターの核（コア）店舗になるケースが多く見られました。

店舗形態

しかし足もとでは、投資効率を改善させるためにも、都心型・小規模型のGMSを展開したり、ミニスーパーマーケットに業態転換したりするケースが増えています。品揃えも、商品回転率の高いものに絞っています。

② スーパーマーケット

スーパーマーケットは、専門スーパーに分類されるものです。専門スーパーは商業統計によると、「売り場面積250㎡以上、販売はセルフ方式、取扱い商品のうちいずれかが70％を超える」、となっています。スーパーマーケットは、このなかで食品の取扱いが70％を超えるものを指します。食品に特化していることから、食品スーパーと呼ぶこともあります。

近年では、高い品質のもの、より安全なもの、有機野菜などを品揃えし、遺伝子組換え食品を取扱わない、といった店舗も出てきました。いわゆる高級スーパーです。ガーデン自由が丘、クイーンズ伊勢丹などが好例でしょう。いずれも好調に推移しており、今後ますます伸びていく形態と思われます。

③ ドラッグストア

ドラッグストアは、商業統計調査によると、「セルフサービス販売、産業分類の『医薬品・化粧品小売業』に属する、一般用医薬品を扱う」、と定義されています。つまり定義上は、食品や衣料品を扱わず、医薬品、トイレタリー用品、日用雑貨品を中心に品揃えをしている店舗を指します。しかし実際は、食品を扱っているケースが大半です。

厚生労働省が打ち出したセルフ・メディケーションの推進（医療機関に頼らず、出来るだけ国民が自分自身の手で健康管理を行おうとするもの）もあり、今後もドラッグストアは伸びていくと思われます。医薬品というより、「美と健康」を前面に打出した店舗も増えつつあります。

近年では、2009年に施行された改正薬事法の影響もあり、従業員に登録販売者の資格を取らせる動きが顕著になっています。

3 百貨店

① 百貨店の特徴

　世界で最も古い百貨店は、1952年にパリで開業したボン・マルシェです。日本では1904年に三越が開業したのが最初ですが、三越の前身は1650年に日本橋にオープンした越後屋呉服店です。非常に長い歴史があり、百貨店ブランドが長い時間をかけて醸成されてきたことが分かります。

　近年、百貨店同士の経営統合が相次いでいます。西武百貨店とそごう、大丸と松坂屋、阪急百貨店と阪神百貨店、三越と伊勢丹といった具合です。両社の経営資源を併せることで投資余力が生まれ、また経営ノウハウやスキルも共有出来るからでしょう。それぞれが持ち株会社の傘下企業として入る形が多いですが、これはのれん（屋号）を存続しやすく、また取引先の理解を得やすいといったメリットがあるからです。

　百貨店はデパートとも呼ばれます。商品部門ごとに仕入、管理、販売を行い、対面定価販売方式をベースに据えた店舗形態です。定価で販売するのは、オープン価格を導入したり、過度の価格プロモーションを行ったりすると、百貨店ブランドを傷つけてしまう恐れがあるからです。

　総合品揃えスーパーやスーパーマーケットが多店舗展開を行い、本部が様々なことを決定するのに対し、百貨店は個店別品揃えが基本です。品目数は、10万品にも及びます。売り場は多層階になっています（図表7-2）。地下1階に食品売り場があり、デパ地下と呼ばれます。ここと地下2階のレストランは集客力のあるエリアです。地下の施設を充実させることで、上層階にお客様を吹上げ、店舗全体の売上げ増を狙おうという戦略です。これを「噴水効果」と呼びます。

　一方最上階には催し物会場があります。百貨店の文化的活動の一環ですが、美術展等が開かれます。ここにお客様を集め、下層階に流していこうという戦

略であり、これを「シャワー効果」と呼びます。

　近年では、品目を絞込み、売れ筋商品に焦点をあてた品揃えを行ったり、同じグループ会社の総合品揃えスーパーや食品スーパーと同一商品を扱ったりするなど、効率的な運営に向けた取組みが顕著になりつつあります。

図表7-2　高島屋・日本橋本店の売り場構成（2014年5月現在）

R	カフェ
8F	催会場・家具・仏壇・レストラン街
7F	リビング用品・呉服サロン・商品券サロン等
6F	紳士服・紳士用品・美術画廊・宝飾品等
5F	子供服・スポーツ用品・玩具等
4F	婦人服
3F	婦人服
2F	特選衣料品・雑貨等
1F	化粧品／婦人用品
B1	食料品（デパ地下）
B2	レストラン街

② 委託販売・仕入れ販売

　第2章第5節で見たように、百貨店と衣料品メーカーあるいは衣料品卸との取引は、委託販売方式や消化仕入方式がメインです。これらの方式により百貨店は真剣に仕入れを行わなくなり、バイヤーの力が弱まり、結果として売り場が魅力的でなくなったと指摘されるようになりました。そこで近年では、百貨店各社は買取りなどの方式を強化し、自主編集平場の作成などに力を入れています。

4 コンビニエンスストア

① コンビニエンスストアの概要

　今日、日本で売上高第1位の小売業は、コンビニエンスストア（Convenience Store、以下CVS）のセブン-イレブン・ジャパン（以下本書では同社を、セブン-イレブンと表記する）です。CVSの誕生は、百貨店や総合品揃えスーパーに比べると新しく、1973年にセブン-イレブンが東京都江東区豊洲に一号店をオープンしたのが最初です。酒屋を業態転換してオープンしたものですが、最初に訪れたお客様が購入したものがサングラスであった逸話があるなど、どのような店作りをしたら良いのか、またどのような店なのか、店側も消費者側も手探りであったことがうかがえます。

　商業統計調査では、CVSの定義を、「飲食料品を扱う、売り場面積30㎡以上250㎡未満、営業時間14時間以上」としています。今では多くのCVSが24時間営業を行っています。

　取扱い商品・サービスも拡大の一途を辿っています。従来、食品や日用雑貨品といった最寄品の中でも、緊急性の高い商品に絞って品揃えする業態でした。その後、弁当、おにぎり、サンドイッチといった出来合いの商品を扱うようになります。お弁当やおにぎりを調理するプロセスセンターから、1日3〜4便体制で店舗に配達し、いつも新鮮な状態で消費者に商品を提供することを可能にしました。店舗へのトラックは、温度管理がしっかりなされています。

　その後は宅配便の取次ぎなど、サービス内容を拡充しました。コピーやFAXのサービス、電気、ガスなどの公共料金の収納代行などです。店頭に設置した情報端末（例：ローソンのLoppi）から、各種チケット購入やネットで購入した商品の支払いなども出来るようになりました。

　近年では、金融ビジネスに進出し、例えばセブン-イレブン・ジャパンがセブン銀行を設立したのは記憶に新しいところです。同銀行は、CVSでのサー

ビス提供をベースに据えているため、通常の銀行とは異なり、店舗にATMを設置し、その手数料を消費者や他の金融機関から徴収するという新しいタイプのビジネスモデルを確立しています。

② フランチャイズ・チェーンの仕組み

　CVSの成長を支える原動力は、なんといっても展開する店舗の数でしょう。なぜここまで急速に多店舗展開出来るようになったかというと、何より先ず、フランチャイズ・チェーンの仕組みを上手に活用したことがあげられます。CVSの店舗経営方式には、直営店方式とフランチャイズ方式の2つがありますが、各社とも展開する店舗の90％以上はフランチャイズ方式に拠るものになっています。

図表7-3　フランチャイズ・チェーンの仕組み

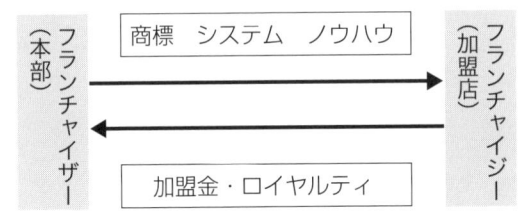

```
                商標　システム　ノウハウ
 フランチャイザー  ──────────────→  フランチャイジー
    （本部）                                （加盟店）
                  ←──────────────
                  加盟金・ロイヤルティ
```

　フランチャイズ・チェーンの方式では、本部をフランチャイザー、加盟店をフランチャイジーと呼びます。ここで留意が必要なのは、フランチャイザーとフランチャイジーは別会社であり、社長も違う人だということです。つまり店舗の土地や物件にかかるコストは、加盟店が負担してくれることになります。

　フランチャイズ・チェーンの方式では、本部は加盟店に対して経営ノウハウの提供を行い、商標を使用することを認めます。経営指導を行う者をスーパーバイザーといいます。一方加盟店は、本部に加盟金を支払うと同時に、日々の取引では、売上高あるいは売上総利益のある一定割合を、ロイヤルティとして納めます。物流や情報に関するシステムも、全て本部が整え、加盟店は販売業務、接客等に専念できるという仕組みです。

5 専門店

　ユニクロ、ABCマート、ヤマダ電機、三省堂書店、トヨタカローラ店（カーディーラー）、コジマ（ペットショップ）など、街を歩くと、ある特定の商品カテゴリーに特化した品揃えをする店舗が数多くあります。こうした店舗を専門店と呼びます。商業統計調査では、「ある特定分野の売上げが90％以上を占める非セルフ（対面販売店）」としています。

　さらに商業統計では、専門店を、図表7-4に示した衣料品専門店、食品品専門店、住関連専門店に大別しています。

図表7-4　商業統計調査に見る専門店の分類

衣料品専門店
呉服・服地、男子服、婦人・子供服、靴・履物、鞄・袋物、用品雑貨・小間物、他に分類されない織物・衣類・身の回り品
食料品専門店
酒、食肉、専業、野菜・果実、菓子・パン、米穀類、牛乳、飲料、茶類、料理品、豆腐・かまぼこ等加工食品、乾物、他に分類されない飲食料品
住関連専門店
自動車（新車）、中古自動車、自動車部品、付属品、二輪自動車（原動機付自転車を含む）、自転車、家具・建具・畳、機械器具、その他の什器、医薬品・化粧品、農耕用品、燃料、書籍・文房具、スポーツ用品・玩具・娯楽用品・楽器、写真機・写真材料、時計・眼鏡・光学機械、たばこ、喫煙具専門、花・植木、建築材料、ペット・ペット用品、骨董品、中古品、他に分類されないその他

　昔からある、八百屋、魚屋、肉屋といった業種店もここに含まれます。これらは「何を売るか」といった視点から括った分け方であり、本書では、第4章第2節で見たように、広義の意味では専門店だが、狭義の意味では専業店（業種店）と呼ぶことにします。

これ対し、ある特定分野の売上げが90％以上を占め、主としてセルフ型の店舗形態になっているものを、狭義の意味でも専門店（業態店）と呼ぶことにします。前述した、ユニクロ、ABCマート、ヤマダ電機はこちらに該当します。

もっとも専門店（業態店）か専業店（業種店）の区分に関しては、品揃えの深さや、営業形態がセルフか否か等が重要なのではありません。専門店（業態店）は、顧客の使用方法やライフスタイルなどに合わせた店作りを行うなど、ストアコンセプトを明確に設定している点が特徴です。

① 家電量販店

家電品やパソコンを中心に品揃えする専門店です。ヤマダ電機、ヨドバシカメラ、ビックカメラなどです。

大量仕入れ、大量販売によるディスカウント路線を打ち出しているところが多く、最低価格保証（エリアで一番安い店舗を目指すというもの）を掲げる店舗もあります。また家電量販店の多くは、ポイントカードを発行しており、顧客の囲込みに力を注いでいます。

家電リサイクル法が施行されていることもあり、リサイクルを行うところが多いのも、他のカテゴリーではあまり見られない特徴です（リサイクル料金は、無料、有料などケースによって異なります）。

② アパレル専門店

ユニクロ、無印良品、ZARA、アオキ、青山、などアパレルに特化した専門店です。他の専門店と違うのは、自社ブランドの商品のみを取扱うケースが殆どだということです。ユニクロの店舗では、ZARAやアバクロンビー＆フィッチの商品は買えません。

また第2章第1節、第5節で述べたように、アパレル専門店の多くがSPA（製造小売業）の形態を採っていることも大きな特徴です。

■ ケースで見る流通その7を掘り下げると・・・

　今回の西鉄ストアの取組みは、高齢化が進行し、一人暮らしの年配の方々が増えるなか、社会的な意義を持ちつつ、ビジネスとしても大きな可能性のあるものといえます。地方に両親を残して上京してきた人たちなどは、定期的にメールで両親の安否を知らせてくれることを喜ぶでしょう。

　通常のネットスーパーと異なり、高齢者の自宅を訪問し、コミュニケーションを図るわけですから、当然スタッフのコミュニケーションスキルも高いものが求められます。またある自宅を訪問した際に、その近隣の高齢者宅を訪れるわけですから、どのエリアにどの高齢者が住み、今月は何度訪問しているか、などデータによる綿密な管理が不可欠です。

　通常のネットスーパーですと、宅配ボックスや、家の前に商品を置いてくるといったことも可能ですが、ご用聞きを兼ねたサービスとなると、高齢者が自宅にいる時間に訪ねなければなりません。その時間帯が何時頃であるか、また不在時にはどのような対応をするか、どのような兆候を見せたときに、その高齢者の健康に問題があると判断するか、など詳細にわたってマニュアルを作成しておく必要があるでしょう。なお小売業としては、今回の提携先であるクリーニングサービスの他にも、医療サービス、介護サービス、ペットの面倒、など様々なサービス事業者と手を結ぶことが可能です。

　今回はセイノーホールディングスの子会社であるココネットが主体的に動き、ご用聞きサービスを開始しましたが、足回りがきく業者であれば、新規参入は容易であると思われます。デイケアなどを手掛ける福祉サービス関連の企業なども、最有力候補です。

　こうしたビジネスを、小売業自らが行うことも可能です。しかし、ココネットのような業者に頼むと、基本的に1回あたり○○円のように変動費で賄えるのに対し、自社で主体的に行うとなると固定費として処理しなければなりません。損益分岐点をしっかりと見極め、将来の需要をきちんと予測することが大切になります。ノウハウを蓄積することも重要になってくることでしょう。

8 出店政策

[本章の内容]
小売業は、
どのような場所にお店を出せば良いのでしょうか？
先ず小売業にとって商圏とは何か？
商圏の範囲を測定するにはどうしたらよいか？
を見ていくことにしましょう。
次に立地選定の流れを考察します。
そして最後に、小売業の出店政策に大きな影響を与える法律である、
まちづくり3法について詳述することにしましょう。

1 ケースで見る流通 その8

★ 小型店・都心店へシフト ★

　近年多くの小売業が、都心における小型店の出店を増やしています。日本経済新聞社の調べによると、主要22社の小売業の、2014年度における出店計画数は合計195店で、そのうち4割が小型店とのことです。

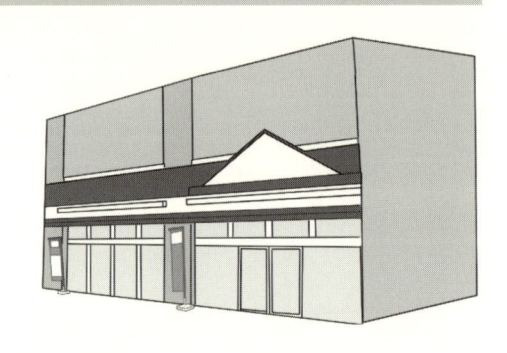

　大手小売業の戦略を見ると、セブン&アイグループ傘下のイトーヨーカ堂は、小型のスーパーマーケットである食品館の出店に力を入れています。またイオンも、生鮮品を中心に品揃えする小型のスーパーマーケット・まいばすけっとを、イオン傘下のダイエーは小型のディスカウントストアであるビッグエーを、近年、主力の出店形態にしています。またユニーグループはミニピアゴ、マルエツはマルエツプチを重視していますが、これらも、生鮮品の品揃えを充実させた小型のスーパーマーケットです。非常に多くの企業が、小型の店舗を出店政策の核に据えていることが分かるでしょう。

　これまでスーパーマーケットは、広い場所が確保できる郊外を中心に、出店を行ってきた感が強いのですが、それを改めたことになります。都心部での小型店となると、コンビニエンスストアやドラッグストアが強敵ですが、ここに乗込んできたわけです。

　一方、対するコンビニエンスストアも、小型のスーパーマーケット事業に参入し始めました。両者、がっぷりよつの様相です。例えばローソンは、2014年度に、周辺にスーパーマーケットがない東名阪の住宅地を中心に100店を

出店政策

出す方針を発表しました。24時間営業に加え、コンビニエンスストアの運営で既にノウハウのある公共料金の支払いサービスなども手掛け、これまでのスーパーマーケットとの違いを打出したいとしています。ローソンは今後3年以内に500店舗の小型スーパーマーケットを出す方針です。

　このように、これまで食品を中心とするスーパーマーケットとコンビニエンスストアは、立地場所、ターゲット顧客、品揃えなど多くの点で差別化を図り、棲分けを図ってきました。しかし今後は、これが真正面からぶつかることになります。

　さてこの事例から、以下の点を考えてみることにしましょう。

◆コンビニエンスストアの強み、弱みは何か？
◆小型のスーパーマーケットの強み、弱みは何か？
◆都心部にある、大手総合品揃えスーパーは今後どうなるか？
◆都心部における消費者の購買行動はどう変わるか？
◆地方における店舗は今後どうなっていくか？

2 商圏とは何か

① 商圏の定義

　商圏とは、その店舗の来店客が住んでいる地域をいいます。ここでいう地域は、地理的範囲と時間的範囲の両面から捉えることが出来ます。○キロ圏内、徒歩△分圏内といった感じです。

　第1章第5節で、流通業が取扱う商品を、最寄品、買回品、専門品に大別しました。最寄品を中心にした品揃え、買回品を中心にした品揃え、専門品を中心にした品揃えの店舗を比べると、店舗面積その他の条件を同じにすると、一般的には最寄品中心の店舗より買回品中心の店舗、買回品中心の店舗より専門品中心の店舗の方が商圏は大きくなります。

　同一商圏内にあり、客層や品揃えが同じ店舗のことを競合店といいます。同業種企業間だけでなく、例えばスーパーマーケットと飲食店など、異業種企業同士も競合相手になります。

　競合店がいない商圏のことを閉鎖商圏、いる商圏のことを開放商圏といいます。前者は、最寄品を取扱う小売店が村に1軒しかない、のような場合です。無店舗販売のような流通チャネルも競合相手に入れると、厳密な意味での閉鎖商圏はあまりありません。ショッピングセンターなどの商業施設、病院、学習塾、空港、アミューズメント施設などへの出店は、限定的な閉鎖商圏といいます。限定的な閉鎖商圏への出店を行う場合、商業施設や病院の休日に店舗が営業出来なかったり、商業施設や病院にいる方々のニーズに合致した品揃えをする必要があったりします。

② 商業力指数

　小売業が出店する都市の力を示す指標に、パナー指数（商業力指数）があります。その算出式は次の通りです。

出店政策

$$\text{パナー指数（\%）} = \frac{\text{都市の小売販売額／都市の行政人口}}{\text{都道府県の小売販売額／都道府県の行政人口}} \times 100$$

　分子も分母も、行政人口1人あたりの小売販売額を示しています。パナー指数が100を上回る場合は、周辺の都市から消費者を吸引しており、商圏が大きいことを意味します。逆に100を下回る場合は、他の都市に消費者が流出していることになり、商圏が小さいことが分かります。

③ 商圏の区分

　店舗に来るお客様を色分けする作業が、商圏の区分です。展開する店舗形態、店舗規模、主要来店手段などによって異なりますが、図表8-1のように、第1次商圏、第2次商圏、第3次商圏を設定します。より店舗に近い第1次商圏のお客様ほど、取りこぼしがないよう戦略を講じなければなりません。

図表8-1　商圏の区分

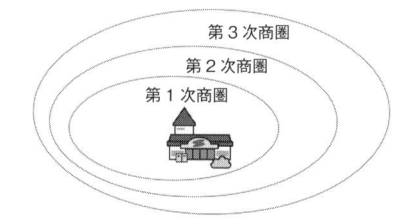

④ 商圏の特性に影響を与える要因

　高級住宅地にある店舗と、若者が多く住む街にある店舗、大学生が溢れる街にある店舗などでは、当然店作りや品揃えを変えなければなりません。このような商圏の違いは、どのような要因によって説明できるでしょうか？
　第13章第3節で見る市場細分化の基準のうち、1）人口統計的要因（人口の推移、性別・世代別に見た構成、世帯数など）、2）地理的要因（気候、風土など）、3）社会経済的要因（所得水準、持ち家比率、生活習慣、風習、文化など）、のほか、産業構造（1次産業中心の街である、企業城下町であるなど）も、商圏の大きさや特徴に、影響を与える要因といえるでしょう。

3 商圏の範囲の測定

商圏の範囲を測定するには、どのような方法があるでしょうか？以下、代表的な方法について見ていくことにしましょう。

① 顧客カードの活用

小売業の多くは自社カードを発行しています。入会時には様々なお客様情報を記入してもらいます。フェイス情報などと呼ばれますが、どのエリアに住んでいて、どれくらいの所得水準で、家族は何人で…といった情報が手に入ります。こうした顧客カードの情報を活用することで、商圏の範囲を測定出来ます。

また顧客データと来店頻度、売上実績などを併せて分析することで、そのお客様が自社にとって優良顧客であるかどうかが分かります。優良顧客が多く住むエリアを、より重視する政策を展開することが出来ます。

なお顧客カードの加入率が低かったり、お客様の情報を何年も更新しなかったりすると、分析結果の精度が下がるという難点があります。

② アンケート調査・ヒアリング調査

来店者や潜在的な顧客に、アンケート調査やヒアリング調査を行うというものです。どのような商品をどこで購入しているか？数年前に比べて購買行動を変更したか？近くに住んでいるにも関わらず自店に来ない理由は何か？などについて調べます。標本数を増やすことで、Aというエリアに住んでいる人は自社と競合店を半々で使っている、Bというエリアは自社メインで利用している人が多い、などの情報を得ることが出来ます。

アンケート調査やヒアリング調査の利点は、①で見た顧客カードによる情報収集と違って、「自店に来ない人」「自店と他店を使い分けている人」のデータが手に入るということです。POSデータやID付きPOSデータ（顧客カードから入手できるデータ）は、売上のあった人のデータですから、「買わなかった

人の情報」「他店における購買行動に関する情報」は把握できません。

③ ハフモデル

　米国の経済学者であるデービット・ハフ博士が提唱したモデルです。

　商圏を決定する要素として、1）地域の人口、2）店舗までの距離、3）店舗の売り場面積、の3つをあげています。そして「ある地区に住む消費者が、特定商品を購入する際、ある商業集積（小売業）から得られる効用は、売り場面積に比例し、その小売業までの距離（所要時間）に反比例する」としました。これを来店確率の点から数式化しています。

　店舗の売り場面積を考えてみましょう。確かに品揃えが豊富であればお客様はたくさん来るでしょう。しかし同じ程度の店舗面積である、ブランド品を取扱う専門店とコンビニエンスストアの魅力が同じであるとするのは無理があります。店舗面積以外の要素も加える必要があるでしょう。

　また店舗までの所要時間（距離）にしても、日本の場合、鉄道をはじめとする交通手段が発達しています。会社の帰りにターミナル駅のデパ地下で買い物をする場合、家から店舗までの距離は短いがアクセスが不自由で時間がかかる場合など、様々な事情に応じた修正が不可欠です。

　こうした限界が指摘されるなか、様々な修正が施され「修正ハフモデル」の形で色々なモデルが開発され、ビジネスの現場で使用されるに至っています。

④ ライリーの法則

　米国の経済学者ライリーが実証的に発見したものです。ある地域から2つの都市、A、Bへ流れる購買力の比は、AとBの人口に比例し、その地域からA、Bへの距離の2乗に反比例する、としたものです。つまり2つの都市の間に住む人がある商品を欲しいと思った時、どちらの都市に行くか、を示したもので、大きな街の方、距離の近い方に行くだろうとしたものです。

　これもまたハフモデル同様の課題を抱えており、このモデルのままでは使用できませんが、修正版のモデルが開発され、活躍しています。

4 立地の選定

① 立地の選定から出店に至るまで

　小売業は、どのような場所にお店を出せば良いのでしょうか？以前は、郊外の何もないエリアに、巨大な商業施設を作って、お客様を集めるといった手法がしばしば採られました。しかし今日では、「人の集まる場所」に出店することが望まれる傾向があります。人口の都心回帰現象などもあり、多くの小売業は地方より都心への出店に力を入れています。

　立地選定から出店までの流れは、図表8-2に示す通りです。

図表8-2　立地選定から出店までの流れ

第1ステップ：都市に関する分析
↓
第2ステップ：商圏に関する分析
↓
第3ステップ：店舗の周辺に関する分析
↓
第4ステップ：物件に関する分析

　先ず出店しようと考える、都市の力について分析しなければなりません。都市の人口の成長率（逆転の発想で、人口減少が顕著な街を敢えて狙っていく戦略もあります）、土地柄（自然条件、歴史、食習慣など）、都市の産業構造などを検討します。本章第2節で見た、商業力指数も求める必要があります。可能であれば、今後伸びていく都市に、他社に先駆けて出店したいものです。食品を買うならA店というように、消費者の心をがっちり掴みたいところです。

　次に第2ステップですが、商圏を決定しなければなりません。第2節で見たように、人口統計的要因（人口の推移、性別・世代別にみた構成、世帯数など）、2）地理的要因（気候、風土など）、3）社会経済的要因（所得水準、持ち家比率、生活習慣、風習、文化など）、などを調べます。

その商圏の雰囲気が、自社のストアコンセプトに合致したものであるか、企業理念に合わない場所であるか？も検討が必要です。高級スーパーが下町のガヤガヤしたところに出店したり、他社よりも安く売ることを強みにするディスカウントストアが閑静な住宅地に出店したりするのは、リスクが大きいでしょう。

商圏内にある競合店分析も不可欠です。競合店の強みや弱みは何であるか、自社はどの程度シェアを獲得し、どれくらい来店数があるか予測します。おおよその来店客数を予測し、1人あたりの購買金額を既存店での経験などから算出してかけ合わせることで、年商が推測出来ます。あまりに厳しい数値が予測される場合は、出店そのものを見直さなければなりません。

第3ステップは、店舗の周辺環境について見ます。地域住民はどのような方が住んでいるか、そのエリアの店舗構成はどうなっているか、学校や企業などはどのように配置されているか、車の流れはどうか、消費者の動線の方向はどうか、などを考察します。候補地と競合店の位置関係も詳しく分析する必要があります。今現在の競合店だけでなく、今後再開発が進む地域、競合店が出店しそうな地域なども考慮しておかなければなりません。

そして最後に第4ステップの物件に関する分析ですが、、車の入りやすさ、駐車場の広さ、道路と入り口の段差、地形、間口、車で来た場合どれくらい前から店の看板が見えるか、角地か、などを検討する、という流れです。

② 限定的な閉鎖商圏への出店

閉鎖商圏とは、第2節で見たように、同一商圏内に競合相手がいないものを指します。ショッピングセンターなどの商業施設、病院、学習塾、空港、アミューズメント施設の中は、限定的な閉鎖商圏といいます。

限定的な閉鎖商圏への出店を行う場合、商業施設そのものの集客力を分析する必要があります。商業施設にどのような店舗が入るのか、飲食店などがあるか、消費者の滞在時間や動線はどうか、近くに競合する商業施設はあるか、車や電車での来店はしやすいか、平日と休日の客数の差はどれくらいか、観光客と地元客の比率はどれくらいか、などを予測することが大切です。

5 まちづくり3法

① まちづくり3法の概要

　小売業の出店に大きな影響を与える法律に、通称まちづくり3法と呼ばれるものがあります。1）大規模小売店舗立地法（大店立地法）、2）改正都市計画法、3）中心市街地活性化法、の3つです。

　1）は、従来大型小売店の出店を規定してきた大規模小売店舗法（大規模小売店舗における小売業の事業活動の調整に関する法律：大店法）の廃止に伴って制定されました。大店法が中小小売業の保護を目的にした経済的規制の側面が強いものであったのに対し、大店立地法は地域住民の生活環境への配慮など社会的規制の側面をもったものです。大店法は1974年から2000年まで効力を有し、大店立地法は2000年から適用されています。

　2）の改正都市計画法は、ゾーニング（土地の利用規制）を促進するためのものです。地域ごとに大型店の適正な立地を実現するために、大型店の郊外立地を制限する必要があると市町村が判断した場合は、ゾーニングを行うことを認めるというものです。1998年に公布・制定されました。

　3）の中心市街地活性化法は、中心市街地すなわち都市の中心部を活性化しようというものです。近年、地方都市では中心市街地の居住人口や販売額が減少しています。同法は、こうした現状に対し、空洞化の進行を押しとどめようとするものです。改正都市計画法同様、1998年に公布・制定されました。

　これら3法のうち、小売の出店に大きな影響を与えるのは、1）と2）です。それぞれについて、以下見ていくことにしましょう。

② 大店立地法の具体的な内容及び小売業の出店政策への影響

　大店立地法の目的は、大規模小売店による住民の周辺生活への影響を緩和するために、社会的規制を実施するというものです。地方自治体が個別ケースご

とに、地域の実情に応じた運用が出来るようになっています。

　対象となる店舗は、1,000㎡以上の店舗面積の場合です。地域社会との調和及び地域づくりに関する事項としては、交通渋滞、交通安全、駐車・駐輪、騒音、廃棄物等が掲げられています。

　流れとしては、1,000㎡を超える店舗面積の店を出そうとする者は、まず都道府県あるいは政令指定都市に届出をする必要があります。そしてその2か月以内に周辺住民に対する説明会を開かなければなりません。届出から4か月以内の時期に、地元市町村や地元住民等は意見書を提出します。

　出店者はこれを見て、自主的にどのような対応をするか決めます。これで問題がなければ無事出店が実現します。一方、意見書による指摘内容を適正に反映しておらず、周辺地域の生活環境に著しい悪影響があるとされる場合は、地元市町村の意見を仰いだのち、都道府県・政令指定都市による勧告等がなされるという具合です。なお、店舗を出そうとするものが届出をしてから、1年以内に進めることが求められています。

　小売業としては、大店法施行時代に比べると、大店立地法の方が、流れが明確であり、またその期間も定められているため、迅速な意思決定が出来るようになりました。

③ 改正都市計画法の具体的な内容及び小売業の出店政策への影響

　改正都市計画法は、地域の実情に応じたまちづくりを進め、都市計画における地方分権の推進を図ることを目的に制定・施行されたものです。種類や目的に応じて、特別用途地区を市町村が柔軟に設定できるようになりました。

　例えばこれまでは制限なしに出店することが可能だった第二種住居地区、準住居地区、工業地域への出店が規制される、といった具合です。

　これにより、これまでは可能だった郊外の安い土地にショッピングセンターや大型店舗等を開設するといった出店政策が、変更を余儀なくされるケースが出てきました。

ケースで見る流通その8を掘り下げると・・・

　都心部において、コンビニエンスストアと小型のスーパーマーケットの競合が激しくなっています。今後どうなっていくでしょうか？

　コンビニエンスストアは、基本的にフランチャイズ方式により急速に規模拡大を図ってきた業態です。ドミナント出店を徹底させ、エリアを面で押さえる戦略を実施してきました。エリアに住む消費者への認知度を高めると同時に、物流上のメリット（効率的な配送の実施など）を狙ったものです。小型店市場では、コンビニエンスストアはある意味完成の域に達しているといって良いでしょう。

　物流の視点から見ると、大型総合品揃えスーパーがこれまでの店舗スタイルを改め、小型のスーパーマーケットを中心にした出店にすると、1店あたりの取扱量は減少します。またケースではなくバラでの取扱いが増えることも予想され、取扱量は減少したのに、作業は増えるといった事態が起きる可能性があります。これではコンビニエンスストアには勝てません。

　品揃えは、生鮮品に関してはスーパーマーケットに1日の長があることでしょう。コンビニエンスストアは、同じグループ会社や系列の卸売業などを通じてどれだけ充実した品揃えが出来るか検討しなければなりません。

　なお、スーパーマーケット業界もコンビニエンスストア業界も、品揃えを絞った小型店中心に出店するとなると、品揃えの幅や深さのメリットを享受してきた消費者は、勤務先近くのデパ地下や、ネットスーパーなど、他業態にスイッチするかもしれません。バラエティーシーキングを楽しむ消費者をどのように維持するかは、今後の重要な課題になってくることでしょう。

　近年、都心部だけでなく地方部でも小型店を出店する企業が出てきました。しかし人口減少が顕著である地方では、今まで以上に広域からお客様を集める必要があります。売れ筋商品に絞った効率的な店舗運営を目指すのも大切ですが、様々なニーズをもった消費者に対応するために、小型店でありながら各種物販以外のサービスを拡充させるなど、これからの時代は、今までとは異なった戦略の実施が必要になってくることでしょう。

9

マーチャンダイジング政策

[本章の内容]
小売業のマーチャンダイジング政策について考察します。
小売業の本部や店舗は、
マーチャンダイジングに関する活動を、
日々どのように行っているのでしょうか？
また商品に焦点をあて、商品とは何か？
NB商品とPB商品はどう違うか？
商品は、新商品として誕生してから終売商品に至るまでどのような道を辿るか？
などについて見ていくことにしましょう。

1 ケースで見る流通 その9

★ 急増するPB商品 ★

　コンビニエンスストアのセブン-イレブンや総合品揃えスーパーであるイオンのお店に行ったことはありますか？セブンプレミアムやトップバリュといった、小売業自ら企画・販売するプライベートブランド商品（PB商品）で、売り場が溢れ返っていることに気付くでしょう。最近、この2社に限らず、多くの小売業がPB商品の取扱い比率を増やしています。

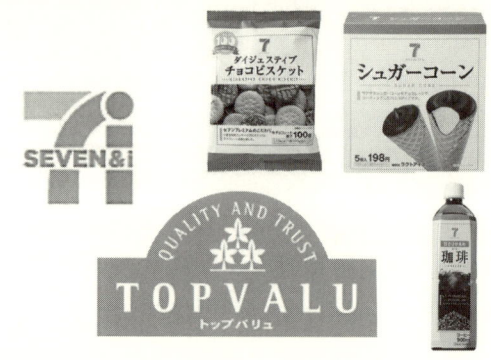

　PB商品の歴史を紐解くと、1960年代にダイエーがインスタントコーヒーを販売したのに端を発します。その後同社は、1970～1980年代にセービングという名称のPB商品シリーズを導入しました。その頃のPB商品は、NB商品に比べて品質レベルは落ちるけれども、価格は安い、というポジショニングがなされていました。

　こうした初期の段階におけるPB商品ブームを「第1期PB商品ブーム」とすると、その後にイオンがトップバリュを発売し、2007年からセブン-イレブン・ジャパンがセブンプレミアムを導入した時期は「第2期PB商品ブーム」と呼ぶことが出来ます。2013年以降はセブン-イレブンは「金の食パン」などセブンプレミアムゴールドの名前で高品質・高価格のPB商品の販売を開始しました。

　ここで注目すべきことは、セブンプレミアムやセブンプレミアムゴールドを見ると、セブン＆アイグループの名前だけでなく、それを作ったメーカーの名

前も記載されているということです。それらは、わが国を代表する大手メーカーばかりです。商品の生産者と販売者の両名を記載して販売するPB商品をダブルチョップといいます。

　本来PB商品は、自社商品の販売力が弱く、小売業の棚に並べてもらうことが難しい中小メーカーが生産することが一般的でした。しかし今や、わが国を代表する大手メーカーが、こぞってPB商品を生産し、しかも自社の名前を入れて販売する時代になったというわけです。

　さてこれらの事例から、以下の点を考えてみることにしましょう。

◆PB商品の取扱い比率の高まりは、小売業にどのような影響を及ぼすか？
◆高品質・高価格のPB商品とNB商品の棲分けはどうなっていくか？
◆PB商品を作るメーカーは、自社商品との調整をどうすべきか？
◆ダブルチョップ型のPB商品を、NBメーカーは作るべきか？
◆PB商品を作る規模にない中小小売業は、どうすべきか？

2 マーチャンダイジング・サイクル

　マーチャンダイジング（Merchandising）とは、商品計画の段階からお客様に販売するまでの全ての活動を指します。日本語では、商品化政策または商品計画といいます。

　マーチャンダイジングの基本は、品揃えをし、それを販売するというものですが、こうした業務は日々繰り返し行われています。それをサイクル状の循環プロセスで描いたものがマーチャンダイジング・サイクルです。PDCAサイクルの視点から整理してみましょう。

図表9-1　マーチャンダイジング・サイクル

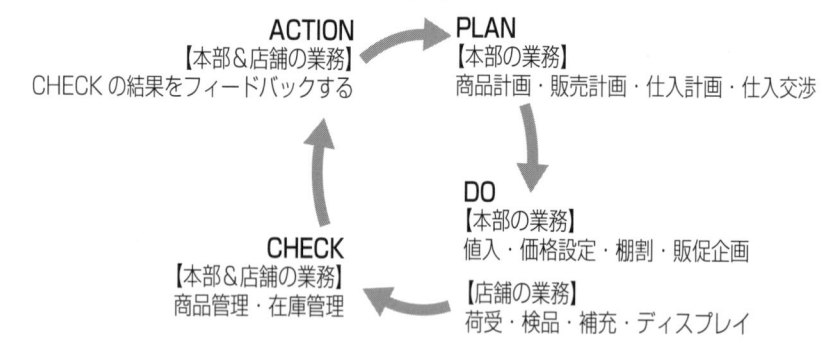

```
        ACTION              →      PLAN
    【本部＆店舗の業務】           【本部の業務】
CHECKの結果をフィードバックする    商品計画・販売計画・仕入計画・仕入交渉
        ↑                              ↓
        CHECK                         DO
    【本部＆店舗の業務】           【本部の業務】
    商品管理・在庫管理             値入・価格設定・棚割・販促企画
                                   【店舗の業務】
                        ←       荷受・検品・補充・ディスプレイ
```

① PLAN（計画）

　マーチャンダイジング・サイクルの起点は、商品計画です。小売業の店舗形態に基づく品揃え政策を基本にして、商品構成表を作成します。どのような顧客（ターゲット顧客）のどのようなニーズに対応した品揃えをするか決定します。商品構成表は商品カテゴリーごとに作成します。

　販売計画は、どの店舗で、いつ、どのように販売するか（価格やプロモーションなど）、を計画するものです。一般に52週間分（1年分）、作成します。

　仕入計画は、メーカーや卸売業の提示する様々な条件を考慮しつつ、商品カ

テゴリーごとの仕入品目の数量や金額を決定するというものです。その上で、仕入先企業と交渉します。交渉を行う担当は、本部にいるバイヤー（仕入担当者）です。バイヤーはカテゴリーごとに編成されます。

　なおこれらPLAN（計画）に関する業務は、基本的に本部の仕事です。

② DO（実施）

　DOは、本部が決定した計画に基づき、実際の業務を行うものです。

　本部の業務には、値入や価格の設定があります。高い顧客満足度を実現しつつ、自社の利益を確保するには、どのような売価にすれば良いか考えます。この段階で値入（計画段階すなわち見込みの粗利益）をきちんと算出しておくことが大切で、それを後々実現した粗利益と比較します。

　さらに本部は、棚割表（プラノグラム）や販促企画（プロモーション）の作成も行います。

　店舗段階の業務としては、本部が決定し、発注した商品が送られてきますので、これを荷受し、検品し（ノー検品の場合もあります）、バックヤードに格納し、売り場に陳列します。棚割表に従って商品を並べ替えたり、販促企画の指示に従い、エンド大陳を作成したり、ゴンドラにPOPを貼ったり、ディスプレイ（売価変更）を行ったりします。

③ CHECK（評価）

　本部と店舗が一緒になって、どの商品がどれくらい売れたか、売れなかったか確認します。これを商品管理といいます。またどの商品がどれくらい在庫されているかもきちんと把握します。これを在庫管理といいます。

④ ACTION（改善）

　当初計画したものがどれだけ実現したか、またどのような改善点があるか考慮し、それを次のサイクルに活かしていくのがActionです。Actionの後、次のPlanへと進みます。

3 カテゴリー・マネジメント

① カテゴリーの視点

　前節で、マーチャンダイジング・サイクルの起点は商品計画であると述べました。商品計画では、どのような商品を品揃えするか決定し、カテゴリーごとに商品構成表を作成します。

　ここでキーになるのは「カテゴリーごとに」ということです。カテゴリーは、アイテムと部門の中間に位置する商品分類の単位です。そしてそのカテゴリーを戦略的ビジネス単位として管理していくのが、いわゆるカテゴリー・マネジメントです。

　例えば「清涼飲料水」カテゴリーは、従来からある「品種」を全面に出したカテゴリーの括りの例です。これでも良いのですが、これを「朝食」というカテゴリーで括り直すと、より効果的です。パン、バター、チーズ、ジャム、ハム、牛乳、コーヒー、炭酸水、コーラ…、それらを「朝食カテゴリー」として一括りにするというわけです。商品1つ1つが独立して市場を形成していると考えるのではなく、いくつかの商品が同時に1つの需要を満たしている、そして1つの商品が複数の需要を満たすのに役立っている、とする考え方です。

　従来からクロス・マーチャンダイジング（クロスMD）という考えはありました。卵とハムとトマト、弁当とお茶、ビールとおつまみ、のように複数商品の同時購買を促すものです。カテゴリー・マネジメントはまさにこれを狙ったものといえます。消費者の生活シーンから考えて、生活の場（例えば朝食のシーンなど）で商品を括り、購買を刺激するという流れです。

　なお、細かいカテゴリーをいくつも設定すると、その売り場を訪れた消費者は混乱します。欲しい商品が見つからない売り場だと思うでしょう。消費者の思考回路と矛盾しない売り場を作り、なおかつカテゴリーを全面に出した提案型のマーチャンダイジングをすることが望まれています。

② カテゴリー・マネジメントの流れ

カテゴリー・マネジメントの流れは、下記に示す通りです。

> 第1ステップ：カテゴリーの定義
> 第2ステップ：カテゴリーの役割の設定
> 第3ステップ：カテゴリーの評価
> 第4ステップ：戦略及び戦術の作成
> 第5ステップ：計画の実施

　第1ステップは「自社におけるカテゴリーの定義を確定する」というものです。商品を購入してくれる消費者の視点、そして経営の視点からカテゴリーの括りを決定します。

　カテゴリーの階層に関しても決める必要があります。1）部門、2）ライン、3）クラス、4）アイテム、5）SKU（最小管理単位）、というように細かくなっていきます。カテゴリー・マネジメントで行う際のカテゴリーは、3）あるいは2）のレベルが使用されます。これら一連の作業の結果、商品構成表が出来上がります。

　第2ステップのカテゴリーの役割の設定では、第1ステップで決めた各カテゴリーが、小売業経営にどのような役割を果たすか確認するというものです。

　第3ステップの、カテゴリーの評価では、カテゴリーに関するデータや情報を収集し、それを分析します。カテゴリー売上高、カテゴリー営業利益、カテゴリー人件費…等です。スコアカードを作成する場合もあります。スコアカードによって、カテゴリー計画の成功の度合いを測ることが出来ます。

　そして第4ステップにおいて、戦略及び戦術を作成します。プロモーション政策、値入・価格政策、棚割・販促企画等を作成するというものですが、これらは前節の図表9-1のマーチャンダイジング・サイクルでいうところの商品計画の範囲を超え、「販売計画」「値入・価格設定」「棚割・販促企画」などの業務に含まれるものです。

　これらの準備を行った後、第5ステップでいよいよ実施となります。

4 商品とは何か

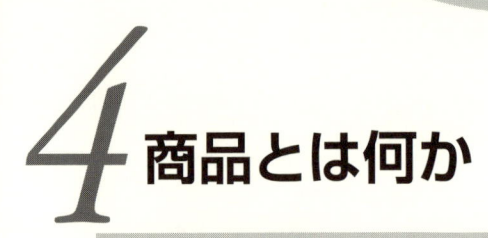

① 商品の定義

　商品とは、市場での売買を通じて、生産者または販売者に利益をもたらし、購買者（消費者）には効用（満足）を与えるものです。市場での売買では、商品が提供される流れとは逆向きに、貨幣の流れが発生します。

　商品には「機能（Function）」と「性能（Performance）」があります。機能はその商品によって何が出来るかを表すもので、性能は、ある事柄についてどこまで出来るかを示すものです。

　また商品を特徴付けるものには、デザイン、色、ブランド、などがあります。

② フィリップ・コトラーによる製品の定義

　フィリップ・コトラーは製品の定義として「製品とは、特定のニーズや欲求を充足する興味・所有・使用・消費のために市場に提供される全てのものを指す。それは物理的財・サービス・人間・場所・組織・アイデアを含むものである」としています。

　さらにコトラーは、製品の3層モデルを提示し、1）中核部分（中核的ベネフィット、サービスからなる）、2）実態部分（機能、品質、スタイル、ブランド、パッケージ、特徴などからなる）、3）付随部分（配達、据付、アフターサービス、品質保証、信用供与（クレジット）などからなる）としています。

③ ブランド

　商品を特徴付けるものの1つであるブランド（フィリップ・コトラーの定義では実態部分を構成するものの1つ）について考察してみましょう。ブランドは日本語に直すと商標です。

　ブランドの機能（役割）は、1）識別機能（他の商品やサービスと識別）、2）

出所表示機能（責任の明確化）、3）品質保証機能、4）象徴機能（ブランドイメージの形成）、5）情報伝達機能（広告機能）、6）資産機能（資産価値）などがあります。経済的な視点から見ると、ブランドを付けることで、商品やサービスの価値があがり、超過利益を得ることが出来ます。

　このブランドという言葉は、商品ブランド、企業ブランド、地域ブランドのように使用されます。

④ PB商品とNB商品

　味の素やキッコーマンのように、メーカーが開発し、全国販売を目指す商品はナショナルブランド（NB）と呼びます。これに対し、小売業や卸売業が保有・管理するブランドはプライベートブランド（PB）です。セブン＆アイグループが扱うセブンプレミアム、イオングループのトップバリュなどは、消費者の認知度も非常に高く、大きな売上を実現している商品です。

　一昔前のPB商品は「安かろう、悪かろう」といったものが多く、消費者もそれを承知で購入している感がありました。しかし近年では高品質かつ高価格帯のものも増えてきて、NB商品との競合が激しくなっています。

　小売業がPB商品を取扱うことのメリットは、1）NB商品よりも高い売上総利益を確保出来る、2）競合店と品揃え面で差別化することが出来る、3）固定客を増やすことが出来る、といったものがあります。逆にデメリットとしては、PBの比率が高まり過ぎると、消費者が購買行動においてバラエティーシーキング（何かものを購入する際、特定のブランドだけではなく、様々なブランドを比較検討しようとすること）を楽しめなくなる、などがあります。なお小売業は、商品を販売するのが本業ですから、商品を生産する機能は持ち合わせていません。このため多くの小売業はメーカーに生産委託しています。OEM（Original Equipment Manufacturing）は「相手先ブランドによる製造」のことで、販売力はあるが生産能力がない会社と生産力はあるが販売力が弱い会社間で行われる取引を意味します。小売業のPB商品は、通常メーカーへのOEMで製造されます。

5 製品（商品）ライフサイクル

商品計画を策定する際、製品ライフサイクル（Product Life Cycle）を考慮する必要があります。製品は自社で生産したものですが、商品は他社から仕入れた、売買の対象となる目的物のことをいいます。つまり厳密には、「商品ライフサイクル」というべきかもしれませんが、ここでは一般的に名前が通っている製品ライフサイクルという言葉で統一することにします。

製品ライフサイクル仮説では、新製品として市場に投入されてから撤退するまでを4つに分け、そのステージごとに商品政策を考えていきます。4つのステージとは、1）導入期、2）成長期、3）成熟期、4）衰退期、です。

図表9-2　製品ライフサイクル

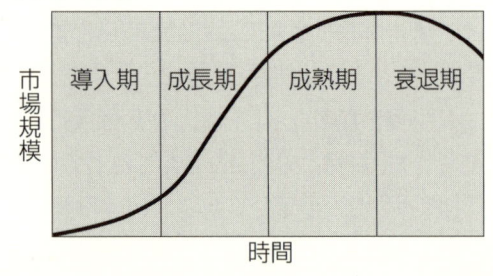

先ず導入期ですが、製品が市場に投入されてから、徐々に販売数が伸びていく時期です。市場規模が少しずつ大きくなっていきます。市場へ製品を投入するのに多額の費用（プロモーション費用など）がかかるため、利益はあまり出ません。

次に成長期です。市場で受入れられ、売上はどんどん伸びます。大幅な利益が期待できる期間です。

成熟期は、市場での売上が伸び、多くの消費者に知れ渡るようになると、その先大きな成長は期待できなくなります。利益は安定的に得られますが、その商品が市場に受入れられたことを知った競合他社が似たような商品を投入するため競争が激化し、結果として利益はほぼ横ばいです。この成熟期がどれだけ

マーチャンダイジング政策

続くかによって、その製品が生み出す利益が大きく変わってきます。

そして最後に衰退期を迎えます。新しさが消え、それに代わる魅力的な商品が市場に溢れた結果、製品の売上が減少し、その結果利益も減るという時期です。小売業では、死に筋商品、終売商品などと呼ばれます。

製品ライフサイクルの4つのステージごとの戦略の方向性は、図表9-3に示すとおりです。

図表9-3 製品ライフサイクル

		導入期	成長期	成熟期	衰退期
特徴	売上	小	急拡大	ピーク	減少
	コスト	大	平均	小	小
	利益	マイナス	増加	大	減少
	顧客	イノベーター	初期採用者	大衆	後期採用者
	競争者	殆どなし	増加	安定	減少
マーケティングの目的		知名度向上とトライアル	シェアの最大化	利益最大化・シェア維持	支出削減・ブランド収穫
戦略	製品	ベーシック製品	製品拡張、サービス、保証	多様なブランド・モデル	弱小アイテムのカット
	価格	コスト・プラス法	浸透価格	競合者対応	価格切下げ
	チャネル	選択的	開放的	より開放的	選択的：不採算店舗の閉鎖
	広告	初期採用者とディーラーへの知名度向上	大衆への知名度向上と関心喚起	ブランドの差別的優位性の強調	コア顧客維持の為に必要水準まで削減
	販促	トライアルを目指し集中実施	消費者需要が大きいため削減	ブランドスイッチを目指し増加	最小限に削減

（資料）Kotler,P.[1994],Marketing Managament, 8th ed., Prentice-hall, p.373及び和田充夫・恩蔵直人・三浦俊彦[1996]、マーケティング戦略、第3版、有斐閣アルマ、p268を元に筆者作成。

■ケースで見る流通その9を掘り下げると・・・

　近年大手小売業の多くはPB商品の取扱い比率を高めています。大手メーカーもこぞって大手小売業のPB商品を生産するようになりました。
　例えばセブン-イレブンのビール売り場の棚を見ると、キリンビール、アサヒビール、サントリー、サッポロビールといずれのメーカーもダブルチョップ型のPB商品を生産しています。それぞれ自社で販売している既存のNB商品とは異なる名前の商品を投入していて、セブン-イレブン向け新商品という位置付けが出来るのかもしれません。
　さてここで考えてみたいのですが、メーカーはダブルチョップ型のPB商品を生産すべきでしょうか？もし可能であれば、NB商品を大切にする意味からも断りたいところです。PB商品とNB商品のバッティングが生じるほか、これまでブランド力を高めてきたNB商品の価値に傷が付くからです。
　しかし大手小売業の販売力を考えると、原理原則を押通し、PB商品の生産を断り続けるわけにもいきません。PB商品を引受けた競合他社の売上増に貢献してしまうことになります。非常に難しい立場であるといえるでしょう。
　小売業にとってもPB商品の比率が高まりすぎると、メリットがある反面、デメリットも生じます。一定割合の消費者は、PB商品よりNB商品を好むことでしょう。カルビーのポテトチップス、明治製菓のチョコレート、カゴメの野菜ジュースなどは、商品パッケージの色やデザインから馴染みのあるもので、こうした商品がPB商品にとって代わられることで、そのお店から他店にスイッチする人が少なからず出てくるだろうと推測されるわけです。小売業としては、PB商品の適正なシェアを考えていく必要があるでしょう。
　また中小小売業としては、大手小売業がPB商品の取扱いを拡大させるなか、同じようにPB商品の品揃えを強化したいところです。ボランタリーチェーンなどに入り商品供給を仰ぐ形、他社と資本・業務提携を行う形、卸売業に依存する形など、様々な方向を検討してみる必要があるでしょう。

10 価格政策

[本章の内容]
小売業の価格政策について考察します。
消費者は価格に敏感であることから、小売業の政策の中で、
価格政策は最も重要なものの1つであるといって良いでしょう。
本章ではこの価格政策について、
価格政策とは何か？
実際に売価をつける際、プライスライン政策とはどのように行うのか？
日本はなぜ特売を行う小売業が多いのか？
などについて見ていくことにしましょう。

1 ケースで見る流通 その10

★ 西友のEDLP政策 ★

　バブル経済が崩壊した後、長らく経営不振に喘いできた西友は、2002年に世界最大の小売業であるウォルマートストアーズの傘下に入りました。その後ウォルマート流の経営再建が行われましたが、日本流とあまりにも異なるため、なかなか好転せず、一時、ウォルマートはいつ西友再建をあきらめ、日本市場から撤退するか？などと噂されるようにさえなりました。

　実際に西友の店舗を訪れてみると、日本の他のスーパーマーケットに比べて、クレンリネスなどの点で大きな違いがあることが分かります。衣料品売り場などを見ると、通常の店舗ではお客様が脱いだ商品は、従業員がすぐに畳みなおして再び棚に陳列したりしますが、西友ではしばらくそのままの形で放置されたり、また食品売り場の棚は欠品があったりします。

　しかし近年、ようやく西友は息を吹き返しつつあります。上述したローコストオペレーションが日の目を浴び、なかでも競合店に比べた価格の安さを全面的に打ち出すEDLP政策が功を奏し始めたためです。テレビCMでKY（価格安い）のキーワードを掲げ、「西友は安い」というイメージを消費者に浸透させる戦略を徹底的に行っていたのは、皆さんの記憶に新しいところでしょう。

　EDLP政策を実現出来た背景には、EDLC（毎日低コスト）を徹底させたことがあげられます。先ずは、ウォルマートグループの調達力を活用するという

価格政策

ものです。例えばウォルマート傘下のアズダ（英国）を窓口にして、欧州からワイン、ビール、菓子などを輸入します。国内で販売される一般的な輸入品より、1~3割安い商品の品揃えを拡充しています。

　PB商品の取扱いも強化しています。イオンやセブン＆アイグループのPBに比べると品目数も少なく、やや力不足の感が否めませんが、消費者テストを経た商品を「みなさまのお墨付き」という名前のPB商品で販売しています。

　西友の成功を見て、他の小売業の中にもEDLP政策を実施するところが出てきました。埼玉県を基盤とするスーパーマーケットのヤオコーもEDLPを標榜し、競合店より安い価格での販売を心がけています。ディスカウントストアや100円ショップ、99円ショップのような業態も元気のあるところです。

　さてこの事例から、以下の点を考えてみることにしましょう。

◆日本にEDLPは根付くだろうか？
◆EDLPを行う上で、留意点はあるだろうか？
◆EDLCを実現するには、どのような方策があるだろうか？
◆特売を奨励するメーカーの取引制度に、どう対応すべきか？
◆近隣にEDLP型店舗が出来た時、自社の価格政策はどうすべきか？

2 価格政策とは何か

① 価格政策とは

　価格政策は、マーケティングの4Pのうちの1つをなすもので、企業自ら、商品の価格決定を戦略的に行うことです。消費者の満足度や企業利益に直結する、非常に重要な政策です。

　値引き販売を行うことの目的としては、1）販売数量を伸ばす、2）関連購買を促す、3）来店手段として活用する、4）新商品の浸透を図る、などがあります。これ以外にも、決算期に数字をかさ上げする、在庫品を処分する、といったどちらかというと後ろ向きの理由から行う場合もあります。

② 需要の価格弾力性

　ある商品の価格が1％変化した時、需要がどれくらい（何％）変化するかを見る指標を、「需要の価格弾力性」といいます。価格が下落した時、需要は増加しますから、「需要の変化分／価格の変化分」の数値はマイナスになります。このためこの数値の絶対値をもって、需要の価格弾力性といいます。

　価格の変化分に比べて需要が大きく変化する商品は、ぜいたく品と呼ばれる類です。価格の下落分以上に需要が増加しますが、逆に価格が上昇すると、それ以上に需要は減少します。一方、価格の変化分に比べて需要があまり変化しない商品は、生活必需品などの類です。価格にかかわらず、生活に必要なものは買わなければならないわけで、食品や日用雑貨品などが該当します。さらに酒、タバコのように、ヘビーユーザーがいるカテゴリーもこれに当てはまります。

　A商品の価格を下げた時、その商品自体の需要がどうなるかを分析するだけでなく、B商品の売上がどうなるか、も気にしなければなりません。ある商品Aの価格が1％変化した時、それにより別の商品Bの需要がどれだけ変化したかを把握する指標としては「需要の交差弾力性」があります。

③ EDLP政策とHi-Low政策

小売業の代表的な価格政策に、EDLP政策とHi-Low政策があります。

EDLPはEveryday Low Priceの略で、毎日低価格と訳されます。特売を行わず、ローコストオペレーションを実施することで、恒常的に、競合店より低価格販売するという戦略です。EDLPを実現するには、EDLC（Everyday Low Cost）を徹底しなければなりません。

Hi-Low政策は、Hi（価格が高い時）とLow（価格が低い時）があるというものです。つまり値引かないで販売する時と値引いて販売する時があり、特売を行うスタイルを指します。なお、米国の小売業が実施するHi-Low政策は、日本と異なり、定番商品を定番ゴンドラで、一時的に値引きをしたり、もとに戻したりするものをいいます。

④ ロスリーダー価格

通常、売価は、商品の仕入原価に販売にかかるコストをプラスし、さらに小売業の利益を乗せる形で決定します。これに対しロスリーダー価格は、仕入原価を下回る価格のことです。赤字覚悟で販売します。

ロスリーダー価格をつけることの目的は、仮にこの商品で損をしたとしても、他の商品の販売を促すことが出来ればトータルで利益が得られ、それで良しとする戦略です。このような商品を、ロスリーダー・アイテムといいます。

来店を促す目玉商品としての役割が期待されているわけで、卵、小麦粉、油など計画購買比率が高く、生活になくてはならない必需品が該当します。

⑤ タイムセール

生鮮3品（青果、鮮魚、精肉）や、惣菜（弁当、おにぎり、サラダ、おかずなど）、日配品（パン、納豆、ヨーグルトなど）は、消費期限があり、長い間、保管することが出来ません。こうした商品は、消費期限が近づくと、タイムセールを行い、割引価格で販売されます。売切り値引きともいいます。

3 売価政策

① 売価設定の方法

　小売業は、メーカーや卸売業から商品を仕入れ、その仕入原価に一定の利益を乗せて販売価格（売価）を決定します。この売価の決定方法にはどのようなものがあるでしょうか。

　1）売り手の都合を優先した売価設定方法、2）消費者にとっての値ごろ感を重視した売価設定方法、3）ライバル店の売価を意識した売価設定方法、の3つに大別し、それぞれ代表的な方法をあげると図表10-1のようになります。

図表10-1　売価設定方法

1）売り手の都合を優先した売価設定方法	
・コストプラス法	：原価を基準に売価を設定
・ターゲット・プロフィット法	：目標利益を決めてから売価を設定
2）消費者にとっての値頃感を重視した売価設定方法	
・マーケット・プライス法	：地域毎の需要を基準に売価を設定
・パーシーブド・バリュー法	：買い手の得られる価値を基準に売価を設定
3）ライバル店の売価を意識した売価設定方法	
・ゴーイング・レイト法	：競争他社の価格に合わせて値段を設定
・シールド・ビッド法	：競争他社よりも安い値段を設定

（資料）『販売士ハンドブック（日本商工会議所・全国商工会連合会）』をもとに筆者作成

② 価格政策

　①では企業全般に当てはまる売価政策を見ましたが、次に小売業の価格政策に絞り、代表的なものについて見ていくことにしましょう。

1）正札政策

　誰に対しても、値札に記された価格で販売するという政策です。値引きはし

ない方針であり、小売業や商品のブランド価値を損なわないよう配慮したものといえます。従来、百貨店などでは、同政策を採ることが多かったのですが、最近はクリアランスセールを行うなど、百貨店であっても値引きを行うところが多くなってきています。

2) 端数価格政策

99円、198円のように、売価の末尾を8や9などの数字にし、顧客に心理的に安いという印象を与える政策です。低価格販売を手掛けるディスカウントストアやドラッグストアなどで用いられます。しかし消費者の多くはこうした小売業の狙いを十分理解しており、端数価格政策が必ずしも購買の促進に繋がるとはいい切れない側面もあります。

3) 段階価格政策

同じ種類の商品が数多くある場合、高級品（松）、中級品（竹）、普及品（梅）のように、品質によって販売価格を3段階くらいに分けるというものです。階層価格政策とも呼ばれます。3段階に分けた場合、真ん中の価格は中心価格と呼ばれ、売れ筋商品になりやすい傾向があります。

4) 慣習価格政策

ガムやキャンディなどのように、比較的長い間価格が一定であったため、価格が消費者にすっかり馴染んでしまっている場合、価格を下げてもあまり売上は増えず、逆に値上げをすると減少します。このような場合は、価格を操作せず、重量やサイズを変えて調整することが望まれます。

5) 名声価格政策

高級品に関しては、高価格を付けることで、高品質であることを連想させることから、意識的に高い価格を付け、販売量を増加させようというものです。プレステージ価格政策ともいいます。

4 プライスゾーン、プライスライン、プライスポイント

① プライスゾーン（Price Zone：価格帯）

　プライスゾーンは、商品カテゴリーごとに小売業が設定する販売価格の下限から上限までの幅（範囲）を意味します。

　売価の下限から上限までの価格差が大きいことを「プライスゾーンが広い」、逆に小さいことを「プライスゾーンが狭い」といいます。プライスゾーンが広い方が色々なお客様の多様なニーズに応えられる可能性が高くなる一方、お客様の購買決定に時間がかかるようになるというデメリットもあります。

　プライスゾーンは、超高価格帯（特別価格帯）、高価格帯、中価格帯、低価格帯に分けられます。このうち超高価格帯は、消費者に本当に買って貰うために品揃えするというより、「見せる役割」を担っていることが少なくありません。さすがにこの商品は買えないけれど、高価格帯や中価格帯なら…という行動を促す役割を持っています。つまり実際のプライスゾーンは、高価格帯、中価格帯、低価格帯の3価格帯から構成されています。このようにプライスゾーンをいくつかの価格帯に分類することをプライスライニングといいます。

　3価格帯のうち、最も重視すべきことは、中価格帯の値段幅をどのあたりに設定するかということです。高、中、低のなか、消費者が実際に購入するのは、中価格帯であることが多いことから、この中価格帯の値段幅は、そのお店のイメージや格につながります。これが競合店より高価格であれば高級店、低価格であればカジュアルなお店という雰囲気になり、それに合わせて、店舗レイアウト、プロモーション、サービス内容なども考えていく必要があります。

② プライスライン（Price Line）

　プライスラインは、プライスゾーンで設定した下限価格から上限価格までの幅（範囲）の中にある、実際の1つひとつの価格のことを指します。価格線と

価格政策

いいます。

　プライスゾーンのサブシステムとして、高価格帯、中価格帯、低価格帯を設定しましたが、高価格帯には5ライン、中価格帯には7ライン、低価格帯には3ラインというように品揃えします。

　しかし高価格帯に5ライン、中価格帯に7ライン、低価格帯に3ラインもあると、消費者はどれを購入したらよいか、悩んでしまうことも多いでしょう。そこで高価格帯は2ライン、中価格帯は2ライン、低価格ラインは1ラインとし、その価格で全商品を販売する方法を、プライスライン政策といいます。消費者が購買を決定するまでに、あまりにたくさんの情報があると混乱してしまうため、これを簡略化しておくというものです。こうしたプライスライン政策は、最寄品や専門品ではなく、色々な商品を見比べて買回りをする衣類、家具、パソコンなど買回品に適しているとされます。

図表10-2　売価設定方法

	プライスライン	プライスライン政策
高価格帯	160,000	高価格帯には5ライン プライスライン政策で150,000と120,000の2つに絞る
	150,000	
	130,000	
	120,000	
	110,000	
中価格帯	100,000	中価格帯には7ライン プライスライン政策で80,000と65,000の2つに絞る
	9,0000	
	80,000	
	75,000	
	65,000	
	60,000	
	50,000	
低価格帯	40,000	低価格帯には3ライン プライスライン政策で30,000均一にする
	30,000	
	25,000	

③ プライスポイント（Price Point）

　あるカテゴリーの中で、陳列数量が最も多く、最も売れている商品に付けられている販売価格のことです。値ごろ点ともいいます。

5 メーカーの取引制度との関連

① なぜ日本の小売業は特売プロモーションを行うのか

　わが国の小売業はHi-Low政策を採ることが多く、EDLP政策は一般的ではありません。皆さんがよく行くスーパーマーケットはいかがでしょうか？　売り場では色々な特売が行われているでしょうか？

　日本の小売業で特売が頻繁に行われる理由として、日本の消費者は特売が好きだから、とするものがあります。確かにずっと昔から、特売に慣れ親しんできた人は、特売がないといくぶん物足りない気がするかも知れません。

　しかしそれ以上に大きな理由として考えられるのが、本書第5章4節で考察した取引制度です。その内容について見てみることにしましょう。

② 流通販促費の影響

　流通販促費は、メーカーが自社の製品を取扱う卸売業や小売業に支払うものです。期間リベートと販促企画費に大別されます。期間リベートは、一定期間のプロモーションによる販売実績を評価し、事後的に報償あるいは謝礼として支払うものです。卸売業や小売業がたくさん売ってくれたので、その分、後で割り戻してあげましょうというものです。

　一方販促企画費は、個々のプロモーションを対象にしたもので、卸売業や小売業がチラシを行ったり、エンド大陳を編成したりする際、それにかかるコストを肩代わりするというものです。

　このような取引制度が敷かれている以上、まず販促企画費があるのですから、小売業としてはチラシやエンドといったプロモーションをどんどん行った方が得になります。そしてそれによってそのメーカーの商品の販売個数が飛躍的に伸びれば、期間リベートも頂けるということになります。

価格政策

③ 需要の先食い

　特売は、期限を決めて行われるのが一般的です。だらだら行うのではなく、期限が過ぎれば、再び定番のゴンドラに移して、販売を行います。

　特売で扱われる商品は、本章第2節で見たロスリーダー・アイテムのように、消費者の来店を促す契機になるものが大半です。その商品が目当てで来店するわけですから、当然品切れは許されません。品切れが生じないよう、少し多めに確保しておくことが重要です。

　実際には、特売期間が終わった後、若干の売れ残りが発生するのが一般的です。その売れ残った商品を、定番商品で売るというものです。もちろん過剰在庫を抱えるリスクもありますので、両者のバランスを取るのが重要になってくることでしょう。

④ 三段階建値制度の崩壊

　小売業の価格政策と取引制度の関係については、三段階建値制度が崩壊しつつある点についても留意が必要です。食品業界などでは依然として建値制度が残っていますが、多くの業界や業種で、その仕組みが少しずつなくなってきています。

　メーカーによる再販売価格維持行為（小売段階における対消費者価格をメーカーが指示し、維持しようとすること）を公正取引委員会が競争阻害行為として厳しく取り締まっていることも理由としてあげられるでしょう。

　メーカーの多くは、三段階建値制を維持するのに必要な販売機能割引をはじめとする割戻し（金額）を負担するのが大変なため、オープン価格制度を導入し始めました。オープン価格制度とは、メーカーは自分の出荷価格だけを決定し、あとは卸売業や小売業が自由に売価を決めて良いとするものです。このため最近の小売業では、以前のように「メーカー希望小売価格の30％引」のような表示が出来なくなり、「当店通常価格に比べてお値打ち価格30％引」のようにPOPを書くケースが増えてきました。

ケースで見る流通その10を掘り下げると…

　本章第1節のケースで見る流通のところで、ウォルマートストアーズの傘下に入った当時の西友について、若干厳しい書き方をしましたが、これは最近の同社が、当時とは打って変わって業績が好調に推移していることを表すためでもありました。既存店売上高は2013年12月期にわずかに前年を下回りましたが、それまでの4年間は増収を実現しました。

　第3章で見ましたが、わが国は現在、人口減少社会の状態にあります。これからどんどん人口は減っていくことでしょう。人口が減るということは、需要が減るということを意味します。特に食品や日用雑貨品といった生活必需品の市場規模は、縮小していくことが見込まれます。

　需要が減少する中で、小売業はどうしているかというと、既存店の元気がない中、依然として新規出店を行い、全体として売上や利益を確保しようという動きを見せています。つまり店舗面積は減らないどころか増加しているわけで、需要が減退することを併せて考えると、売り場生産性（1㎡あたり売上高）は当然低下しつつあります。

　売り場生産性が低下するということは、つまり売り場が稼いでくれなくなることを意味しています。こうした状況への小売業の対応の方向としては、これまで以上にローコストオペレーションを徹底させることが重要です。

　こう考えたとき、西友の戦略は、先見の明のある素晴らしいアプローチであると評価できます。人件費を削減し、売り場のクレンリネスを多少犠牲にしたとしても、その分安い価格を実現しているわけで、先進的な事例といえます。

　なおローコストオペレーションを実現するには、ウォルマートが実施した方策の他に、自動発注を行う、物流上のメリットを追求する（発注ロットサイズをあげる、発注精度をあげる、モーダルシフトを行うなど）、レイバースケジューリングシステム（LSPシステム）を導入して、従業員の効率的な活用を図る、などがあります。

11 プロモーション政策

[本章の構成とねらい]
小売業のプロモーション政策について考察します。
小売業の売り場に行くと、
色々なプロモーションが行われています。
小売業のプロモーションにはどのようなものがあるか、
近年注目を集めるインストア・マーチャンダイジングとはどのようなものであり、
プロモーションはそれにどう位置付けられるか？
などについて見ていくことにしましょう。

1 ケースで見る流通 その11

★ 電子チラシを見る時代に… ★

　今日の献立は何にしよう？今度はどんなヘア・コンディショナーを買ってみようかな？スーパーマーケットやドラッグストアに行く時、皆さんは、取り敢えずお店に行ってから購入する商品を考えますか？

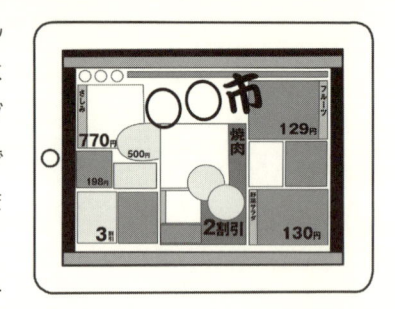

　これからの時代は、先ずはスマートフォンで電子チラシを確認し、それから店舗に行く、というのが常識的な行動になるかも知れません。今や多くの小売業や印刷会社などが、電子チラシサービスを提供しています。ここでは電子チラシについて見てみることにしましょう。

　印刷会社である凸版印刷が運営するのは、国内最大級の電子チラシサイト「Shufoo!(以下、シュフー)」です。チラシを見たいエリアの郵便番号を入力すると、スマートフォンやパソコンに電子チラシが届くというものです。総合品揃えスーパー、ドラッグストア、家電量販店の約2,200社、9万4,000店分のチラシを掲載し、月間利用顧客数は延べ530万人とのことです（2013年11月時点）。

　消費者が受け取った電子チラシを開く（表示する）と、1ページビュー（PV）あたり10円が、そのチラシを発行した小売業に課金されます。小売業には凸版印刷から専用のアプリケーションが提供されます。初期費用は200万円、月額使用料は10万円です。

　シュフーは、これまで朝1回だったチラシ配信を朝晩の2回にし、また店舗の特売情報、クーポン、レシピなどの情報も提供し始めました。近くの店舗を

プロモーション政策

　地図から探す店舗検索機能も付与しました。また2013年にはTポイントカードを発行するカルチュア・コンビニエンス・クラブ（CCC、ツタヤなどを運営）と提携し、様々な情報の分析結果も提供しています。

　大日本印刷も携帯端末用のチラシ作成サービスを行っています。サービス名は「オンリコミーオ！」です。大日本印刷の専用アプリを使えば、スーパーや量販店自身が、アプリの外観であるアイコン、アプリの名称、チラシの配信頻度など細かな条件を設定出来るようになっています。こちらは初期費用180万円、月額利用料8万円、さらに電子チラシの配信費用が別途かかります。

　レシピ検索サイトの「クックパッド」は、スーパーと連携し、特売情報とレシピの組合せを提案するサービスを開始しました。食事のメニュー提案に、特売情報を加味したサービスです。

　まさに色々な企業が電子チラシの配信サービスを開始したことが分かります。

　この事例から、以下の点を考えてみることにしましょう。

◆消費者の購買行動は、電子チラシによってどう変わるか？
◆既存の紙媒体のチラシはどうなっていくだろうか？
◆消費者が簡単に売価比較が出来るようになると、安売り合戦にならないか？
◆電子チラシの配信会社は、今後さらにどのような
　サービス展開が可能か？
◆中小の小売業は、電子チラシを利用して、採算が合
　うだろうか？

2 インストア・マーチャンダイジングの体系

① プロモーションとは何か

　プロモーションとは、販売促進策のことをいいます。買い手の購買意欲を刺激し、商品を購入してもらうために行う、組織的な活動のことです。

　流通業にとってのプロモーションは、2つに大別されます。店外でのプロモーションと、店内でのプロモーション（インストア・プロモーション）です。

　店外でのプロモーションには、テレビCM、チラシ、口コミ、ダイレクトメール（DM）、パブリシティなどがあります。消費者に直接働きかけるものが多く、プル型プロモーションと呼ばれます。主として、店舗に来てもらうためのプロモーションです。まずは来店してもらわなければ、購買行動に進みませんので、非常に重要な戦略といえます。

　一方、インストア・プロモーションは、エンド、ポイント、デモ販、タイムセールなど、来店した後のお客様に対して行われるものです。プッシュ型プロモーションと呼ばれます。

② インストア・マーチャンダイジングとは何か

　小売業の売り場における政策を全体的な視点からまとめた用語に、インストア・マーチャンダイジング（以下、ISM）というものがあります。

　ISMは、「店頭におけるお客様の行動、意識、購買の実態をつかみ、売り場・店頭活動の全てを適合させた最も効果的かつ効率的な方法によって、消費者の要求に合致した商品・商品構成を消費者に提示することにより、売り場全体の生産性を最大化させるための行為体系（流通経済研究所編『ISMの基礎知識2007』」です。要は、「お客様のニーズを満たしつつ、売り場の生産性を最大にするような店頭活動を行うこと」です。

　インストア・マーチャンダイジングは、先に見た、1)インストア・プロモー

ション、と、第12章で見る、2) スペース・マネジメントの2つに大別されます。1) は短期的な視点から売上増を図るもの、2) はより長期的な視点から売り場生産性（1㎡あたり売上高）を高めようとするものです。1) は商品に刺激を与えるものであり、2) は商品の露出力を高めるものです。

ISMの全体像の中に、インストア・プロモーションを位置付けると図表11-1になります。インストア・プロモーションはさらに、価格主導型（値引きを伴うもの）、非価格主導型（値引きを伴わないもの）に分けられます。

図表 11-1　ISMの体系

インストア・プロモーション（本章で考察）	価格主導型	チラシ特売、エンド特売、定番値引き、Buy1Get1Freeなど
	非価格主導型	値引きなしのエンド、ポイント、POP、デモ販、ノベルティ、サンプル提供など
スペース・マネジメント（12章で考察）	フロア・マネジメント	レイアウト計画、クロスマーチャンダイジングなど
	シェルフ・マネジメント	プラノグラム（グルーピング、ゾーニング、フェイシング）など

③ インストア・マーチャンダイジングの狙い

ISMの狙いは、売上げを増加させることであり、客単価を増やすことにあります。客単価を増やすには、A買上個数の増加、B商品単価のアップ、の2つがありますが、競合他社と熾烈な価格競争を繰り広げている小売業がBのアプローチを採ることは難しいところです。Aを狙った方が現実的といえます。

買上個数を増加させるには、a計画購買個数の増加、b非計画購買個数の増加、の2つがあります。ISMはこのうち、bの非計画購買個数を増加させることを目標においています。

専門品や買回品と違って、食品や日用雑貨品に関しては、消費者は、ちょっとした刺激で購買する商品のブランド、サイズ、などを変更してくれます。だからこそ、ISMの活躍の場が大きいわけで、もう1個買い、ついで買いを起こさせるため、どのようなプロモーションが適しているか考えなければなりません。

3 広告・チラシ

① 広告の種類

　広告を大きく分けると、1）企業広告（企業ブランドを高めるもの）、2）商業広告（商品ブランドを高めるもの）、3）意見広告（市民団体などが主義・主張を行うもの）、4）公共広告（政府広報など）、になります。

　媒体別に見ると、A）マス媒体（テレビ、ラジオ、新聞、雑誌）、B）SP広告（セールスプロモーション：チラシ、DM、看板、イベントなど）、C）インターネット媒体（パソコン、スマートフォン、携帯などを通じて行うもの）に分けられます。近年伸びているのは、インターネット媒体による広告です。

② チラシ・プロモーション

　小売業の多くは、新聞の折込チラシによるプロモーションを行っています。テレビCMなどに比べ、エリアや店舗毎に異なるプロモーションを、詳しく説明することが出来ます。チラシは通常、値引きプロモーションとセットで行われます。来店を促す商品がロスリーダー・アイテムとして設定され、破格の値段で提供されます。

　チラシの費用は、チラシに載せる商品を生産するメーカーが、チラシ協賛金として小売業に支出するケースが多くなっています。

　足元で注目を集めているのは、第1節でも考察した、電子チラシプロモーションです。消費者は、スマートフォンやパソコン用のアプリを使用し、登録されている小売店舗のチラシや割引クーポンを検索し、それを買い物に使用する、という流れです。

プロモーション政策

4 ダイレクトメール（DM）

① ダイレクトメールの種類

　ダイレクトメール（以下DM）は、個人や法人宛に、商品案内やカタログを送付するものです。前節で見たチラシの性格と、手紙の性格の2つを持ち合わせています。
　DMは、形状で分類すると、葉書、封書、パンフレット、冊子等に大別されます。また媒体を見ると、紙ベースのもの、ネットベースのものの2つに分かれます。最近はネットベースのものが増えつつあります。Eメールによるものがメインですが、フェイスブック、ライン、ツイッターなど、SNSを活用したものも増加しています。

② ダイレクトメールの実施方法

　DMを送付するには、紙ベースのものであれば個人の名前と住所が、ネットベースのものであれば、メールアドレスやID名などが必要になります。
　現在使用される方法は、過去にご利用頂いた事業者が、既存顧客に対してDMを送る方法です。また新規顧客の獲得に関しては、法に触れない範囲内で、他社や情報提供会社などから顧客情報を入手した事業者が、アクセスする方法があります。
　優良顧客や、商品や企業に関心のある顧客にアクセスすることが出来れば、DMのヒット率は飛躍的に向上します。一方、むやみやたらに送り続けると、マイナスの感情すら持たれてしまいます。自社がターゲットとする顧客リストを、いかに入手するかが、DM成功の可否を握っているといえます。

5 ポイント

① ポイントカードの種類

　ポイントは、顧客が買い物をした際、一定金額ごとに付与されるものですが、それがある程度貯まると、値引きに使用出来たり、特典と交換して貰えたりするというものです。家電量販店のポイントカードが有名です。

　よくある形は「お支払額の1％のポイントが付きます。次回以降のお支払いの際1ポイント1円としてご利用いただけます」のようなものでしょう。

　種類としては、1）小売業が発行する専用カードによるもの、2）電子マネーのカードによるもの、3）クレジットカード会社のカードによるもの、などがあります。また媒体としては、紙媒体のスタンプカード、バーコード式のもの、カードリーダー式のもの、お財布携帯のようなもの、に大別されます。

② ポイントカードの目的

　商品を購入した際、小売業が発行する専用カードなどを提示することで、顧客はポイントを貯めることが出来ます。小売業としては、ポイントに累進性を持たせることで、ヘビーユーザーの育成及び囲い込みが可能になります。

　さらに第13章で見るように、小売業としては、顧客ID付POSデータを収集出来ます。顧客識別マーケティングが可能になり、DMを発送するなど、効率的なプロモーションを行うことが可能になります。

　ここで留意が必要なのは、ポイントが値引き競争の道具になってしまってはいけないということです。家電量販店では10％近いポイントを付与しているケースもありますが、適正な水準はどれくらいか、など考えてみる必要があることでしょう。

プロモーション政策

6 エンド

① エンドの種類

　エンドは、ゴンドラ（陳列棚）の端の場所を指します。「ゴンドラエンド」「エンドコーナー」と呼ばれます。
　エンドの種類としては、1）主通路に面した一般的なエンド、2）主通路に面したカットケース陳列、3）レジ前エンド、などがあります。1）はエンドを作成するにあたり什器(じゅうき)を使用しますが、2）は店舗までの輸送に用いたダンボールの一部を、カッターで切ってそのまま使用するものです。3）はレジに並ぶお客様が、最後のついで買いをして頂けるよう、陳列してあるものです。

② エンドに陳列する商品

　来店したお客様の注目を集め、是非お買い求め頂きたい商品を陳列します。1）チラシやDMに掲載した特売商品、2）テレビコマーシャルや雑誌などで取上げられた話題の商品、3）季節が感じられる商品あるいは季節のイベントに関連する商品（お盆、クリスマス、節分、バレンタインデーなど）、4）話題の新商品、5）利益率の高い商品、などが該当します。

③ エンド・プロモーション実施時の留意点

　エンド・プロモーションを効率的かつ効果的に行うには、1）他のプロモーション（チラシ、DM、値引きなど）と連動するようにする、2）定番の棚にも置くようにする（特売が目的ではない常連客への対応）、3）POP等で目立たせるようにする、4）2週間限定のように期間を区切る、5）陳列アイテム数は10アイテム程度にする（単品エンドは避ける）、6）関連購買を促すような品揃えにする、7）商品補充をこまめに行い、品切れに注意する（その商品が目当てで来店したお客様などへの対応）、などに留意する必要があります。

7 POP

① POPの種類

POPはPoint Of Purchase（買い物をする場所）での広告を意味します。POPの種類には、色々なものがあります。

1) 大型パネル・看板

商品の写真や絵などをパネルに貼り、店内の壁にかけるというものです。立て看板のようなスタイルもあります。

2) のぼり旗

店の前や商品コーナーに立てる布製の旗のことです。商品名や会社名（メーカー名）が記されています。

3) ペナント・天吊り広告

セールやイベントなどを知らせるもので、ペナントタイプでウィンドウに貼ったり、壁に貼ったり、天井から吊るしたりします。

4) スポッター

陳列棚や商品に付けるものです。棚や商品から通路に飛び出す形でつけられており、ゆらゆら動いて注目を集めます。

5) プライスカード

品名、価格、サイズ、カラー、といった商品の基本的な特性に始まり、従業員の推薦の言葉、商品の使用方法の説明などを記入します。

② POPの作成

上で見た1)、2)、3) などは、メーカーや卸売業が用意することが殆どです。一方、4)、5) などは、店舗レベルで作成することが少なくありません。手書きのものも多く、従業員やアルバイトスタッフが作ったりします。POPに書かれた情報が多すぎないよう注意が必要です。

プロモーション政策

8 デモ販

① デモ販の種類

　デモ販（デモンストレーション販売）は、小売業の売り場あるいは店頭で行われるもので、消費者に直接商品を試してもらう、味わってもらうというものです。実演販売とも呼ばれます。食品、飲料、健康器具などの販売でよく見られます。

　食品や飲料では、実際に調理して試食して貰ったり、試飲を促したりします。肉や魚といった素材を販売する場合は、調味料等の関連購買も期待できます。また健康器具などでは、実際に商品を試してもらうことで、その商品の良さをアピールすると共に、使用方法や使い心地などを覚えてもらいます。

　デモ販の種類としては下記のものがあります。

1）マネキンによるもの

　マネキンは、商品の説明員兼販売員のことです。マネキンが実際の調理や、商品説明などをし、販売するというものです。

　化粧品では、美容部員が該当します。

2）販促キャラバン

　イベントの時などに、デモンストレーション販売を行うものです。キャラバンセールスともいいます。メーカーが営業部隊やPRスタッフを組織します。

② デモ販実施時の留意点

　デモ販は初回購買（トライアル購買）の促進には有効とされますが、リピート購買の促進効果はないとされています。このため新商品の発売時などに適しています。

　またデモ販は、人材もコストもメーカーが負担することが大半です。

ケースで見る流通その11を掘り下げると・・・

　今や多くの消費者が、パソコンやスマートフォンを操作できる環境にあります。スマートフォンは携帯するものですから、気が付いた時に検索や閲覧が出来ます。

　これまで、新聞の折込みチラシを持ってスーパーに出かけることには抵抗があった消費者も、スマートフォンで簡単に、しかも無料で検索出来るとあれば、利用は拡大していくことでしょう。ましてや同一商圏内にある競合店用のアプリケーションもダウンロードしておけば、簡単に価格比較が出来ます。ナショナルブランド商品に関しては、どちらで購入しても同じですから、熾烈な価格競争へと発展していく可能性もあるでしょう。

　紙媒体のチラシは、現在少しずつ減少しています。しかし電子チラシに比べると市場規模は圧倒的に大きいですから、今しばらく共存が図られるとみて良いでしょう。

　この電子チラシは、第13章で見る、顧客識別マーケティングの一手法を組合せて行うと効果的です。シニア層にはこの電子チラシ、生鮮食品の購買頻度が高い方にはこの電子チラシ、優良顧客にはこの電子チラシ、というようにきめ細かい対応が出来るからです。さらに異業種の企業と連携することで、この顧客はどんなものを購入しているのか、どんな買い方をしているのかなど総合的に把握することが出来、クロス・マーチャンダイジングや共同プロモーションの実施など、大きな可能性を秘めているといえます。

　ただ、現状のサービス内容を見てみると、利用料金は必ずしも安いとはいえません。初期費用はまだしも、月額でコストがかかってきます。現状の紙媒体のチラシに加え、電子チラシも行うとなると、コスト負担は二重になります。プロモーション費用の効率的な使用の為にも、電子チラシのヒット率はどれくらいで、顧客の満足度はどれくらいか、またトータルで見た時、電子チラシの効果はプラスになるのか、マイナスになるのか、など常にウォッチし、検証していく必要があることでしょう。

12
売り場政策

[本章の構成とねらい]
小売業の売り場政策について考察します。
前章で見たインストア・マーチャンダイジングの中で、
スペース・マネジメントに関するところです。
本章ではこの売り場政策について、
フロアレイアウト、プラノグラム（棚割）、
フェイシングの順に
分析することにしましょう。

1 ケースで見る流通 その12

★ 注目されるミール・ソリューション ★

　近年、多くの小売業は、ミール・ソリューション（以下、MS）を、今後重視すべき戦略の1つに掲げています。第19章で扱う、日本スーパーマーケット協会が2011年にまとめた「10年後の食品スーパー業界像を見据えた提言書」においても、今後小売業は「献立の提案や惣菜の品揃えといったミール・ソリューションへの対応強化」をする必要性があるとしています。

　MSは、食事問題の解決です。これに似た言葉にホームミールリプレイスメント（家庭での料理＝内食の代行、以下、HMR）があります。ほぼ同義語だと考えてよいでしょう。

　MSでは、商品を加工度に応じて、

　　　A）RTE：Ready to Eat（そのまま食べられる）
　　　B）RTH：Ready to Heat（温めれば食べられる）
　　　C）RTC：Ready to Cook（下ごしらえがされている）
　　　D）RTP：Ready to Prepare（食材が準備された状態）

の4つに分類出来ます。わが国でよく見られるのは、A）とB）です。A）は既に保温されているもので、ファーストフード（以下FF）などが該当します。肉まん、から揚げ、おでんなどが浮かぶことでしょう。

　B）は、お弁当やおにぎり、おかずなどです。コンビニエンスストアや一部のスーパーマーケットでは、従業員が電子レンジで温めてくれます。店舗に電子レンジがあり、商品購入後、顧客が自分で温める場合もあります。

　MSが注目されている理由は、消費者のライフスタイルの変化やそれに伴う

売り場政策

購買行動の変化があげられます。女性の社会進出が進み、核家族化が進展した今日、家で食事を作る機会が減りつつあります。また食事を作るにしても、調理時間を極力短縮しようする人が増えています。一説によると、祖父母の世代から両親世代に、両親世代から子供世代にと、世代が1つ進むたびに、調理時間は半分になるのだそうです。米国の加工食品の業界団体であるFMI(Food Marketing Institute)の調べでは、現在米国の主婦が夕食の支度にかける平均時間は15〜20分とのことです。

こうしたなか、例えばスーパーマーケットのヤオコーは、本部に現場の店長経験者や生鮮3部門の専門家などを集めた「ミールソリューション部」を設置し、その強化に努めています。同社に限らず、最近多くの小売業がMSの充実による競争力向上を図っています。

さてこの事例から以下の点を考えてみることにしましょう。

◆MSのコンセプトに沿った店舗レイアウトは？
◆MSのコンセプトに沿った品揃えは？
◆店内調理方式とセントラルキッチン方式のメリット＆デメリットは？
◆スーパーマーケット業界等で小型店の出店が相次ぐが、CVSとの差別化は？
◆食事の宅配サービスとの融合は？

2 売り場政策の体系

① スペース・マネジメント

　第11章第2節で、インストア・マーチャンダイジング（以下ISM）の体系について整理しました。本章で扱うのは、そのうち、狭義の意味でのISMに関するもので、スペース・マネジメントと呼ばれるものです。

　スペース・マネジメントは、大きく分けて、1）フロア・マネジメント、2）シェルフ・マネジメント、の2つになります。1）はレイアウト計画を策定したり、クロス・マーチャンダイジング（クロスMD）をどのように促すか、などを考えます。2）は、プラノグラム（棚割）の策定です。1）のフロア・マネジメントより、小さな範囲を扱います。

② スペース・マネジメントの目標

　前節で見たように、インストア・マーチャンダイジングの目的は、客単価を増加させることにあります。今まで平均3個購入していたお客様に、あと2個ついで買いをしてもらうにはどうしたら良いか、売り場をどう変えれば良いか、を考えるものです。客単価は、以下の式で求められます。それぞれについて見て行くことにしましょう。

客単価＝A動線長×B立寄率×C視認率×D買上率×E買上個数×F商品単価

A）動線長

　客単価をあげるには、先ずは店内を顧客が歩いてくれなければなりません。歩く距離が短かかったり、売り場を殆ど回らないで出口から出て行かれてしまったりすると、買上げには結びつきません。そうかといって、あまりに複雑な迷路みたいな売り場だと買い難くなり、顧客の満足度は下がるでしょう。

　フロアレイアウトをしっかり考え、部門やカテゴリーを売り場のどの位置に

売り場政策

配置するかを考えなければなりません。

コンビニエンスストアのような店舗では、入り口をどこにするかなど、百貨店のような店舗では、フロアの四隅にどのようなパワーのあるショップを置くか、など考えなければならないでしょう。

B) 立寄率

顧客が、部門やカテゴリーの前の通路を歩いてくれたとしても、そこに立ち止まってもらえなければ意味がありませんし、売上には繋がりません。売り場の魅力を向上させ、足を止めさせる工夫をしなければなりません。

C) 視認率

顧客が立ち止まった後、商品を目にしてくれなければ、その商品を手にすることはないでしょう。これはゴンドラをどのような商品構成にするか、プラノグラムはどうするか、といった話に繋がります。顧客がよく目にする位置はどのあたりか、顧客の目はどのように動くからそれにどう対応すれば良いか、なども考えます。

D) 買上率

顧客が実際に買上げる比率のことです。個々の商品が、どれくらい魅力があるかにかかってきます。これは売り場政策というより、価格やプロモーションなど、インストア・プロモーションに影響されるものです。

E) 買上個数

買上げ個数は、顧客が1回あたりの買い物で何を、どれだけ買ったか、というものです。当然多い方が望ましく、インストア・マーチャンダイジングの活動を通じて、買上個数の増加を図っていきたいところです。

この中で、本章のスペース・マネジメントで達成したい項目は、上記のA、B、Cということになります。Aはフロアレイアウト、B、Cはプラノグラム（グルーピング、ゾーニング、フェイシング）をきちんと行うことで実現します。次の節からそれぞれについて見ていきましょう。

3 フロアレイアウト

フロアレイアウトとは、売り場の大まかな配置を考えることです。

フロアレイアウトを考える際は、1）入り口の位置、2）主通路の設定、3）売り場配置、の3点を考えなければなりません。

1）入り口の位置

先ず入り口が1箇所か2箇所かを決めなければなりません。売り場面積が狭い店舗であれば1箇所で仕方ありませんが、広い店舗であれば2箇所以上あった方が、お客様は入りやすいでしょう。

次に入り口の場所を決めます。これによりお客様がどのようにショッピングを行うかがある程度決まります。

図表12-1はコンビニエンスストアの入り口を考えたものです。店舗前の道路では、人の流れは左から右へあるとします。この場合、入り口はAとB、どちらに作った方が良いでしょうか。

コンビニエンスストアは、道路に面したところはたいてい雑誌売り場になっています。立ち読みしている人も多いことでしょう。そうした人を見ているうちに、コンビニエンスストアに入りたくなったとします。その場合、Bの入り口の方が断然便利です。一度来た道を引き返しAまで戻るのは案外面倒です。この場合はBに設置した方が、来店客が多くなる可能性があります。

図表12-1　コンビニエンスストアの入り口

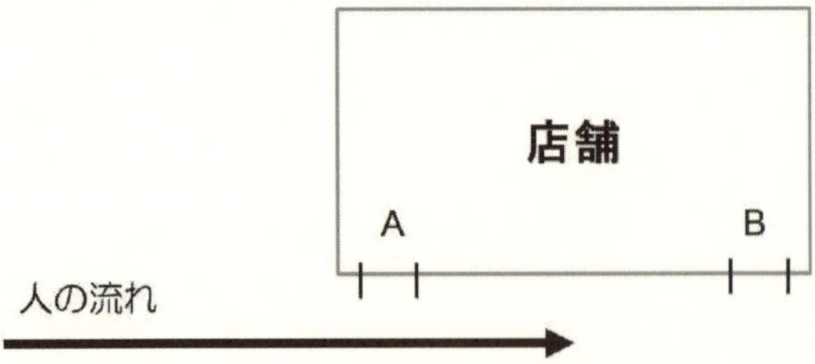

2）主通路の設定

　主通路とは、店舗の中で最も通路幅が広く、来店客の大多数が歩く通路です。大型店であれ、小型店であれ、主通路は存在します。大きな店舗であれば、カートを押すお客様同士がすれ違っても問題ないよう、ある程度の広さを確保しなければなりません。

　主通路の代表的な形は、カタカナの「コの字」に設定するものです。スーパーマーケットであれば、入り口から入った来店客は、壁際をコの字にぐるりと回ることと思います。

3）売り場配置

　先ず主力のカテゴリーをどこに配置するかを決めなければなりません。スーパーマーケットなら生鮮3品、コンビニエンスストアなら弁当・惣菜、ドラッグストアなら一般用医薬品といった感じです。これらは主通路に沿って配置します。

図表12-2　スーパーマーケットの代表的な売り場

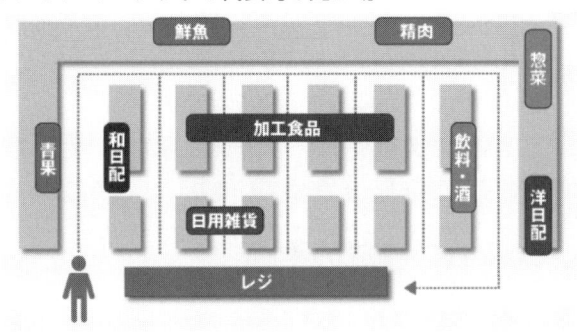

　ここで重要なのは、青果、精肉、惣菜、日配と壁際を歩いてきたお客様がそのままレジに向かわず、もう一度売り場の奥に入ってもらうよう、食事を作る際になくてはならないもの、すなわち調味料などの加工食品を奥に配置している点です。このようにして、来店客の動線を作っていきます。業態や売り場面積により、望ましい売り場配置は異なってきますので留意が必要です。

4 プラノグラム

① プラノグラムとは何か

　プラノグラムはプラン・オン・ダイアグラム（Plan On Diagram）の略で、日本語では棚割といいます。棚割とは、仕入れた商品を売り場にある棚に割り振ることをいいます。どの棚のどの位置にどの商品を配置するか、決めることを意味します。

② プラノグラム作成の際に気をつけること

　どのようなプラノグラムが望ましいかは、誰が評価するかによって異なります。先ず大事なのは、お客様にとって望ましい売り場かどうか、という視点です。欲しいものがすぐに選べる、分かりやすい、買い物をしていて楽しい、など顧客のニーズを満たすものでなければなりません。

　次に、小売業の視点です。小売業にとっては望ましい売り場はカテゴリー売上及び利益の最大化を実現する売り場です。さらにメーカーにとっては自社商品の売上及び利益の最大化を可能にする売り場です。

　このように、顧客側、小売業及びメーカー側で望ましい棚割は異なってきますが、先ずは顧客の満足度を第一に考えていきたいところです。

③ プラノグラムの作成の手順

　グルーピング、ゾーニング、フェイシングの3段階のステップを踏みます。フェイシングは次節で見るとして、今ここではグルーピングとゾーニングについて見ていくことにしましょう。

　グルーピングは、カテゴリーの括りを決めるというものです。カテゴリーマネジメントにおける「カテゴリーの定義」と同様です。顧客による括りと、売り場での陳列が一致した時、買いやすい売り場ということになります。

売り場政策

ゾーニングは、カテゴリーの中で各商品群へのスペース配分及び配置を考えるというものです。スペース配分に関しては、売上高や利益の構成比に比例するようにします。よく売れる商品、よく稼ぐ商品ほど、たくさんのスペースを使用するというわけです。また配置に関しては、クロスMDを行い、出来るだけ関連購買を生じさせるよう並べていきます。

④ 棚の位置

立寄率及び視認率をあげるには、その商品にお客様の目が注がれなければなりません。棚における販売力は、商品力と陳列力の2つの要素に大別されます。

商品力は、価格、ブランド、知名度、といった要素の影響を受けます。一方、陳列力は、棚のタイプ、陳列位置などによって決まります。

陳列力について図示すると、図表12-3はゴールデンゾーンについて見たものです。10～30度位下を向いたところに、一番目がいくため、この位置に配置した商品は大きな売上が期待出来ます。またL字型のゴンドラの場合は、最下段の販売力も大きくなります。こうしたところに、小売業にとって主力の商品を置くことで、売上や利益を伸ばすことが出来ます。

カテゴリーの下の集まりをサブカテゴリーといいますが、これを棚にどのように並べていくかに関しては、1) ホリゾンタル陳列、2) バーティカル陳列、の2つが知られています。

図表12-3　ゴンドラにおけるゴールデンゾーン

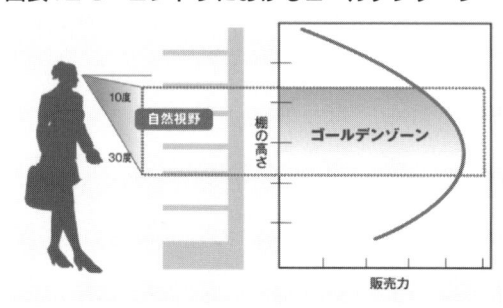

（資料）流通経済研究所

前者は、グルーピングされたサブカテゴリーを水平に陳列する方法、後者は垂直に置く方法です。前者は商品の比較がしやすい、後者は移動せずに商品を探すことが出来る、などのメリットがあります。

5 フェイシング

① フェイシングとは何か

　前節で、プラノグラム作成の手順は、グルーピング、ゾーニング、フェイシングの3段階であることを考察しました。フェイシングとは何でしょうか？
　商品は包装されていますが、その顔にあたる部分（商品名とかが書かれている部分、あるいは側面など）をフェイスといいます。そして顔を揃えること、並べる位置やフェイス数を決定することをフェイシングといいます。その方法について見ていきましょう。

② フェイス効果

　陳列するフェイス数が多くなればなるほど、売上も増加します。これをフェイス効果といいます。
　1フェイス増やした時の売上の増分のことを限界フェイス効果と呼びます。1フェイスから2フェイス、2フェイスから3フェイス…を比較すると、フェイス効果は小さくなっていきます。これを「限界フェイス効果逓減の法則」といいます。そして何フェイスも大量に陳列した場合、限界フェイス効果は限りなくゼロに近づきます。
　フェイス数は、基本的に2フェイス以上陳列することで、顧客の目がその商品に届きやすくしますが、コンビニエンスストアやミニスーパーなど、店舗面積が狭い店舗では、1商品1フェイスが鉄則になります。

③ フェイシングの基礎

　フェイシングに関しては、売上高が大きい商品はフェイス数を増やします。特売商品など販売力のある商品に代表されるものですが、この場合はフェイスを拡大すれば、それだけ売上増が見込めます。

売り場政策

　一方、利益率の高い商品は、優位置（棚のゴールデンゾーンなど、目に留まりやすい良い場所）に配置します。定番商品のように、売上高規模は小さいものの、値引かなくても買ってもらえるような商品です。多くのフェイスを割くことはできませんが、利益率の高い商品であり出来れば買ってほしいので、顧客の目に留まりやすところに置くというわけです。

④ 右側有利の法則

　今、2フェイス陳列した醤油のイメージ図を表してみました。この場合、右側に置いたものと、左側に置いたものでは、どちらの売れ行きが良いでしょうか？

　実は6：4くらいの割合で、右側の商品の方が売れることが知られています。買い物をするとき左手でカゴを持つから、ラベルが横向きに書かれているから、視線は左から右に流れるから、最後に見るのは一番右にある商品だから、など色々な説が見られます。

2フェイスの醤油

　この右側の方が売上高が高くなる法則を、「ライトアップの原則」といいます。この法則を使うと、前述したように、利益性の高い商品は右側に配置した方が良いことになります。店舗としては、利益性の高い商品を売りたいですから、良く売れる場所に配置するというわけです。

　なおリーチインクーラーに関しては、取っ手を開けてすぐのところ、つまり中央部分が優位置となります。扉を全部開けるのではなく、ちょっとだけ開けて商品をとる顧客も多いため、どうしても真ん中部分の商品が選ばれやすくなります。

12

ケースで見る流通その12を掘り下げると・・・

　スーパーマーケット業界における、ミール・ソリューション（以下MS）型店舗の第一号店は、ニッショーストア（現阪急オアシス）の守口店です。しかし考えてみれば、コンビニエンスストア（以下、CVS）はその前からMSに力を入れていますし、百貨店の地下売り場、通称デパ地下などは、MSのコンセプトを十二分に体現した売り場といえるでしょう。

　MSのコンセプトは、家庭で食事を作ることの代行を手がけるというもので（ホームミールリプレイスメントともいいます）、コストはもちろん、品質、栄養バランス、見た目や彩り、提供する時の温かさ、など、MS型商品の提供に特有な様々なことに配慮する必要があります。

　MSのコンセプトに沿った店舗レイアウトは、売り場の主通路、それも入ってすぐのところにお弁当や惣菜といった商品を陳列することです。通常のスーパーマーケットでは、生鮮3品を並べますが、MS型店舗ではここに弁当や惣菜を置くというわけです。

　またプラノグラムやプロモーションでは、お弁当やおにぎり、サンドイッチなどをキーにしたクロス・マーチャンダイジングを考えなければなりません。CVSでよく見られる、「お茶とお弁当を一緒に買うと10円引き」などのプロモーションは、その代表例でしょう。今後の方向性としては、安全志向や健康志向の強い顧客が増えつつあることから、有機野菜や低カロリーなものに特化したお弁当やおかずの組合せなど、顧客のライフスタイルや考え方に合致した、品揃えの提案をいかに行うかにあることでしょう。

　近年スーパーマーケット業界では、小型店での出店を強化しています。そこでMSを充実させるとなると、CVSとの本格的な競合が強まることが予想されます。一部のCVSが手がける弁当や惣菜の宅配サービスをはじめとして、他店といかに差別化を図るかが重要になってくることでしょう。

13

顧客政策

[本章の内容]
小売業の顧客政策について考察します。
同業他社と熾烈な競争を繰り広げる小売業にとって、既存顧客を維持し、
大切にしていくことは非常に重要な戦略です。
本章では先ず、従来のマス・マーケティング手法と、
市場細分化を行うマーケティング手法について比較します。
そのうえで、FSPの詳細について考察することにしましょう。

1 ケースで見る流通 その13

★ ホームセンター・コメリの顧客政策 ★

　新潟県を拠点とする大手ホームセンターのコメリは、クレジットカードを利用し、年間購買金額が多い顧客に割増しのポイントを付与する取組みを開始しました。顧客は、コメリの子会社が運営する「コメリカード」に加入する必要がありますが、カードで決済しなくても、カードを提示すれば、ポイントがもらえます。

　クレジットカード払いの顧客は、通常200円（税抜き）ごとに3ポイントを手にします。前年度にカード払いやカードを提示して年間5万円以上使った顧客は、これが4ポイントになります。同様に15万円以上だと同5ポイント、30万円以上だと同6ポイントに割増しされます。ポイントは1ポイントを1円として支払いに使うことが出来ます。

　さらに同社は、顧客の購買履歴を、マーケティングに活用したいとしています。効率的なプロモーションを実施する予定です。例えばインターネット通販サイト「コメリドットコム」では、顧客の購買動向を踏まえ、予想されるニーズに合致した広告をサイト上に流したり、頻繁に買う商品の情報を利用明細書に同封したりする計画です。

★ 百貨店・三越伊勢丹の顧客政策 ★

　百貨店の三越伊勢丹ホールディングスは、自社で発行するクレジットカード事業を数年前から強化しています。同業他社は、新規顧客がカードを申し込んだ時、売り場では仮カード発行までしか出来ないのに対し、三越伊勢丹では即

顧客政策

時発行出来るようにしました。

　同社のカードもコメリのカード同様、前年度の利用実績に応じて割引率が上がる仕組みになっています。さらに利用者が2親等以内であれば、購入実績を合算出来るようにしました。自分、両親、祖父母が利用した利用額を全部合算することが出来るというものです。つまり前年度の利用実績に応じて、全員の割引率が高くなるわけで、家族みんなで利用する機会を増やそうとしています。

　ホームセンターのコメリ、百貨店の三越伊勢丹の事例を見てきましたが、いずれの事例にも共通していえることは、前年の利用実績の多い、いわゆる優良顧客ほど、ポイントの付与率や割引率をあげているということです。優良顧客に対する特典を増やすことで、彼らの日頃の愛顧に応え、彼らを囲い込もうという戦略です。

　さてこの事例から、以下の点を考えてみることにしましょう。

◆優良顧客に対し、割引率やポイント付与率をあげることをどう考えるか？
◆割引率やポイント付与率の適正水準はどれくらいだろうか？
◆値引きなどに繋がらない形で、顧客に特典をつけることは可能だろうか？
◆FSPが馴染まない業界はあるだろうか？
◆同業他社がFSPを実施した時、どのような戦略を採るべきか？

2 顧客満足とは何か

① 顧客満足と企業業績

顧客政策を実施し、顧客を大切にしなければならない理由は何でしょうか？
顧客の満足（Customer Satisfaction）は、企業の業績とどのような関係があるのでしょうか？

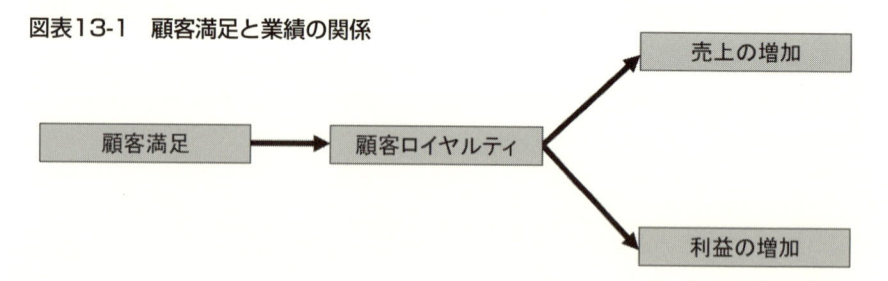

図表13-1　顧客満足と業績の関係

```
顧客満足 → 顧客ロイヤルティ → 売上の増加
                          → 利益の増加
```

近年はモノがなかなか売れない時代です。初めての顧客と、毎日来る顧客を識別し、毎日来る顧客の満足度を高めることでロイヤルティを高め、結果として売上及び利益を増大させることが重要です。初めての顧客をリピーターにし、既存顧客はずっと来店してくれるように施策を講じなければなりません。

② SERVQUALモデル

顧客満足度を測定する方法の1つにSERVQUALモデルがあります。SERVQUALとは、サービス（Service）と品質（Quality）を組合せた造語です。

図表13-2に示した5つの次元ごとにさらに細かい要素があり、それに「全くそう思う＝7」から「全くそう思わない＝1」に至る7点尺度が付けられています。尺度の両端（1と7）だけに「全くそう思う」「全くそう思わない」の説明文があり、その他の2～6は何の説明もありません。

サービスを受ける前の顧客に期待の程度を記入してもらい、サービスを受けた後、実際のパフォーマンスに対する評価を再度記入してもらいます。そのギャップを確認するというのがSERVQUALモデルです。つまり期待を上回ったサービスが行われた場合に、高い顧客満足度が得られるとするものです。

図表13-2　SERVQUALモデルにおけるサービスを評価するための尺度

> 1) 信頼性：約束されたサービスを確実に提供すること
> 2) 反応性：顧客に対するサービス提供の迅速性
> 3) 確実性：従業員のしっかりした知識と態度
> 4) 有形性：設備や従業員の見た目
> 5) 共感性：顧客とのコミュニケーション

③ クレームの処理

　クレーム情報は、顧客から寄せられた負の情報です。これをないがしろにすると、その顧客は店に来なくなります。今、店に来てくれていない、潜在的な顧客も、もしかしたらクレームを付けてきた顧客と同じ点に不満を抱き、店に来ていないのかもしれません。クレーム情報を上手に処理することで、顧客満足度を高め、店舗経営を改善することが出来ます。

　なお、クレーム情報はPOSデータなどと違って定性情報です。日誌の形で、紙ベースで所有していることも少なくないでしょう。可能な限りデータの形で入力し、頻出のキーワードを調べたり、テキストマイニング手法によりキーワードとキーワードの関係を分析したりしたいところです。

　クレーム情報は宝の山であり、これにどう対処するかに、今後の小売業の命運がかかっているといって過言ではないでしょう。

3 マス・マーケティングと市場細分化

① マス・マーケティングの限界

　マス・マーケティングとは、全ての消費者を対象に、大量生産、大量流通、大量プロモーション等を、単一製品について実施することです。需要量に比べて供給量が相対的に小さい、いわゆるモノを作れば売れる時代に重視された手法です。テレビ、ラジオ、雑誌等のマス媒体を活用し、一気に市場シェアを獲得しようというもので、コカコーラなどが成功事例として知られています。

　近年では、マス・マーケティング手法の限界が叫ばれるようになってきました。需要量に比べて供給量が相対的に大きい今日、メーカーは熾烈な競争を繰り広げています。プロモーション費用なども大量に必要とされるようになり、それを維持できなくなった大半の企業は、経営学でいうところの「選択と集中」のコンセプトに則って、市場を細分化し、自社にとって本当に狙うべき小市場に資源を集中させる戦略を採っています。

　市場細分化を行うマーケティング手法には、エリア・マーケティング、ダイレクト・マーケティング、ワン・トゥ・ワン・マーケティングなど様々なものがあります。本章ではこれらをまとめて、顧客識別マーケティングと呼ぶことにしましょう。お客様一人ひとり（あるいはグループ）を識別し、違う人として扱うマーケティングという意味です。またお客様との関係性を重視するマーケティングであることからリレーションシップ・マーケティング、ロイヤルティ・マーケティング、データをもとに行うマーケティングであることからデータベース・マーケティングなどと呼ばれることもあります。

② 市場細分化の流れ

　市場を細分化し、その市場に対してマーケティングを行っていくためのプロセスはどのようになっているでしょうか。その流れを示すと、S－T－Pにな

ります。Sはセグメンテーション（Segmentation）、Tはターゲティング（Targeting）、Pはポジショニング（Positioning）です。それぞれについて見ていくことにしましょう。

1）セグメンテーション（Segmentation）

市場を細分化することを、セグメンテーションといいます。

市場の細分化の基準としては、A）人口統計的要因、B）地理的要因、C）社会経済的要因、D）心理的要因、E）行動変数、の5つがよく知られています。A〜Cを目に見える変数、D、Eを目に見えない変数といいます。

市場細分化の条件としては、フィリップ・コトラーによると、a測定可能性、b利益確保性、cアクセス可能性、があげられています。

しかし近年では情報化の進展もあり、P.コトラーの指摘する状況より、様々なことが可能な時代になりました。顧客一人ひとりに顧客カードを持たせ、顧客情報を収集し、一人ひとりの事情に沿ったマーケティングが実施されるようになりました。いわゆるワン・トゥ・ワン・マーケティングの時代です。

2）ターゲティング（Targeting）

ターゲティングは、市場を細分化した後、自社の参入すべきセグメントを選定するというものです。つまりターゲットを明確にすることを指します。

ターゲットの選定には、自社の強みを活かせたり、競合する他社がいないセグメントを選択したりすることが重要です。ターゲットの規模については、一般的には市場全体の2〜3割程度を目安にすることがいいとされています。

3）ポジショニング(Positioning)

ポジショニングは、ターゲットとする顧客層から見た時の「優位点」を意味します。消費者にとって対価を支払っても良いと思えるだけの価値や魅力があるのか、その観点でとらえる必要があります。

ポジショニングでは市場全体を意識する必要はありません。あくまでもターゲット層にとってどうであるかを見極めることが大切です。ポジショニングが曖昧だと、その後のマーケティング政策は二転三転することになります。

4 FSPの概要及び実施のための準備

① FSPとは何か

　前節では、マス・マーケティング手法に対峙するマーケティングとして、顧客識別マーケティングを考察しました。その具体的な方法の1つが、FSP（フリークエント・ショッパーズ・プログラム）と呼ばれるものです。フリークエントとは、頻度の高い、常連の、などを意味する用語です。常連客を重視するためのプログラムです。

　FSPは、米国の航空会社であるアメリカン航空が始めたFFP（フリークエント・フライヤーズ・プログラム）が発祥です。顧客がアメリカン航空の航空機に1マイル乗るたびに1ポイントが付き、それが一定量貯まると、航空券やホテルの宿泊券などの特典と交換してくれるという仕組みです。それが転じて、小売業界においても、顧客が自店で買い物をするたびにポイントを付与し、様々な特典と換えるという仕組みを導入するところが出てきました。FSPの誕生です。

② FSPを行うための前準備

　顧客が売り場で商品を選び、レジで精算する時、キャッシャーは商品のバーコードをスキャナーでスキャンします。レジは精算業務をするところであり、顧客はレジに表示された合計金額を見てお金を支払います。

　実はこの時、裏側ではPOSデータ（Point of Sales データ：販売時点のデータ）が収集されています。いつ、どこで、何を、いくつ、いくらで購入したかといった情報です。

　ここでないのは「誰が」という情報です。ビールが売れたとして、家族のいる主婦がご主人の為に買ったのか、独身の女性が自分用に買ったのか、あるいは若い男性がホームパーティ用に購入したのか、などによって、今後の有効な

顧客政策

マーケティング戦略は異なってくることでしょう。

　顧客データを集める一番確実かつ洗練された方法は、顧客にカードを持ってもらうというものです。レジでの精算時にカードを提示することで、顧客はポイントを貯めたり、カード提示者にだけ与えられる特典が貰えたりします。一方、企業は顧客にカードを提示してもらうことによって、POSデータと顧客データを紐付けることが出来ます。「誰が」という情報を得ることで、ショッピングバスケット分析などが行えるようになります。

　ここで大切なのは、カード会員の入会時に、どれだけ顧客情報（フェイス情報）が得られるかということです。名前や性別はもちろん、住所、家族構成、未婚・既婚といった情報、さらには趣味、ペットの有無、日ごろ興味があること、ライフスタイル、商品を買う時に重視する内容、お店に求めるものなど、顧客が警戒したり面倒になったりしない範囲内で、出来るだけ詳細にわたる情報を収集します。住所が分かればどのエリアに住む人がどれくらいの支出をしてくれているか、など商圏分析やリテンション、マーケティング（顧客を維持する政策）にも活用できます。

　またこうした情報は一度手にしたらOKというわけではなく、随時更新することが重要です。

③ 異業種企業との提携

　スーパーマーケットのカードは、異業種の企業と提携することで、その魅力を増すことが出来ます。典型的な事例はレンタルビデオショップのTSUTAYAカードでしょう（㈱トップカルチャー）。TSUTAYAをはじめとする色々な店舗やサービス業で利用することが出来るカードですが、顧客をそのカードに加入している企業全体で囲い込むことが出来ます。

　小売業が金融ビジネスを手がけ、会員カード、キャッシュカード、クレジットカードなどを統合してサービスしていくのも魅力的なアプローチ方法です。

5 顧客の分類

① 20-80の法則

　販売管理や顧客管理の世界では、20-80の法則が働くといわれます。例えば販売管理の世界では、売上上位20％の商品が売上高の約80％を占める、のような法則が知られています（第15章第1節参照）。20-80の法則のことを、パレートの法則、ユダヤの法則などと呼んだりします。

　販売管理同様、顧客管理に関しても、20-80の法則が働くといわれています。小売業の売上の80％は、顧客の20％にあたる上位顧客（支出額の大きい顧客）によりもたらされるといった具合です。逆にいうと、残り80％の顧客が、わずか20％の売上高分しか支出してくれていない、ということになります。

　そこで小売業の限りある資源を、この20％の上位顧客の維持や満足度の向上のために使用していこう、というのがFSPの基本概念です。新規顧客より、既存顧客を大切にしよう、日ごろの愛顧に応えていこうという顧客政策です。ちなみに新規顧客の獲得コストは、一般的に既存顧客を維持するコストのおよそ5倍であるとする説もあります。

② 優良顧客を維持することのメリット

　年間支出金額上位20％の顧客を優良顧客と名付けたとしましょう。こうした顧客は、支出金額が多いことはもちろんですが、それ以外にも様々なメリットをお店にもたらしてくれます。

図表13-3
優良顧客の囲い込みで生まれる利益

- ・ベースラインの利益（商品を購入してくれることによる通常の利益）
- ・高価格商品を購入してくれることによる利益
- ・口コミによる利益（他のお客様などに働きかけてくれる）
- ・コストダウンによる利益増分
　（お店のことを良く知っているので、売り場を聞いたりしない）
- ・新規顧客を獲得する為のコスト分（チラシなどを打たなくても済む）

顧客政策

　なかでももっとも重要なのは、優良顧客の多くは、特売がある時だけ来店するのではなく、定番商品もきちんと購入してくれるということでしょう。高価格商品であっても、購入してくれるというわけです。これに対し、チェリーピッカーあるいはバーゲンハンターと呼ばれる人たちは、特売や低価格に釣られて来店した方々ですから、競合店が新たに特売を行ったり、破格の値段を提示したりしようものなら、すぐに店舗スイッチしてしまいます。

　このように企業の収益性（利益）向上に多大な貢献をしてくれる優良顧客を識別し、そこにより多くの費用を投入することで、優良顧客の維持や買物金額のさらなる増加を図ろうというのがFSPの狙いです。

③ デシル分析

　情報システムや技術の発展に伴い、市場細分化政策の究極的な形であるワン・トゥ・ワン・マーケティングも決して不可能ではない時代になりました。しかしスーパーマーケットのように来店客数が多い業態では、顧客を10分位で見る（10のグループに分ける）のが、作業への負荷等を考えると妥当であるとされています。図表13-4は、5分位で見た（5つのグループに分ける）、それぞれの顧客グループの特徴について分析した事例です。

　図表13-4に記載した顧客グループごとのライフタイムバリュー（顧客の生涯価値）を計算することで、より長期の視点から顧客を大切に扱うことが可能になります。

図表13-4　顧客分類の事例（5分位）

	1週間あたり平均購買金額	平均粗利益率	平均利用年数	ライフタイムバリュー（売上、万円）
ダイアモンド	7,800円	25%	25年	1,014
プラチナ	3,500円	22%	15年	274
ゴールド	1,000円	18%	5年	26
シルバー	500円	16%	2年	5.2
ブロンズ	200円	14%	半年	0.5

13

ケースで見る流通その13を掘り下げると···

　FSPは、自社に利益をもたらしてくれる優良顧客を大切にし、囲い込むというものです。なぜ優良顧客を優遇するのかといえば、一般的な顧客に比べ、優良顧客の利益率が高く、またライフタイムバリューも大きいからです。

　優良顧客の購買行動として注目すべきことは、チェリーピッカーやバーゲンハンターと異なり、値引かなくても商品を買ってくれるということです。これに対し、チェリーピッカーやバーゲンハンターとされる人たちは、特売品を中心に購入しに来るため、場合によっては赤字になることもあります。

　コメリと三越伊勢丹の事例を見てみると、優良顧客に対し、ポイントの付与率をあげたり、割引率をあげたりしています。ここで考えたいのは、優良顧客は値引かなくても商品を購入してくれる人なのに、その方々の利益率を敢えて下げる特典を付与しているということです。ポイントの付与や割引は、値引きをしていることに他なりません。

　本来は、値引き以外の手段で、優良顧客に特典を付与したいところです。これにはどんなものがあるでしょうか。誕生日にプレゼントを贈る、父の日、母の日、クリスマスなどに花を贈る、優良顧客限定の販売セールを開催する、などがありますが、案外値引き以外の特典は考えてみると思いつかないものです。

　小売業の売上高営業利益率や売上高経常利益利は1~3%くらいであり、低い場合が殆どです。ポイントの付与率や割引率の水準を上げすぎると、利益圧迫要因になることでしょう。ポイント付与率の水準は利益率の水準とのバランスを考えたうえで決定しなければなりません。

　もともとFSPの前身であるFFPは、航空会社で始まりました。FFPの特典として、一航空会社は非常によく乗る搭乗者に、無料の航空券を差し上げていますが、実はこのようなことをしてもあまりコストは変わりません。機内食分が多めにかかるくらいでしょう。固定費は乗客を何人乗せようがあまり変化しません。しかし小売業でのFSPは、利益をそのまま減額させる可能性があります。FSPをやる場合は、常に利益率とのバランスを見つつ、方向を決めていきたいところです。

14 物流政策

[本章の内容]
小売業の物流政策について考察します。
本章では先ず、
メーカーや卸売業が納品した商品が、小売業専用センターを経由して、
小売業の売り場まで届く流れを考察します。
さらに、小売業が行う物流業務として、発注、在庫管理、商品補充といった業務を
取上げることにしましょう。

1 ケースで見る流通 その14

★ 物流センターフィーの負担要請82.1% ★

　公正取引委員会は2013年8月8日、物流センターを利用した取引に関する実態調査報告書をまとめました。卸売業と小売業の間の取引について、卸売業に対して尋ねたものですが、物流センターを利用している1,159取引のうち、82.1%にあたる952取引で「センターフィーの負担要請がある」とし、81.5%にあたる945取引で「負担要請に応じている」としました。

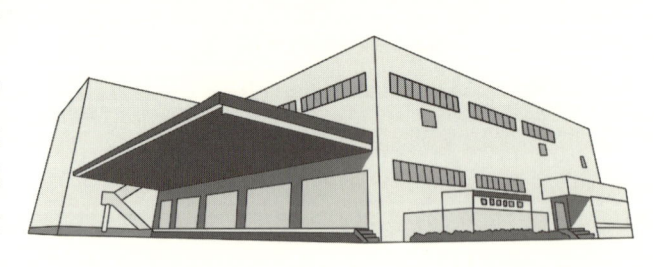

　さらに38.8%にあたる367取引で「センターフィーの負担要請の際、事前の協議の機会を与えられず、算出根拠、使途等を示されなかった（N=945、以下同様）」、4.5%にあたる45取引で「協議の結果、十分理解しておらず、直接の利益を上回る負担額を要請された」、2.2%にあたる21取引で「センターフィーの負担額（率）の引き上げの際、事前の協議の機会を与えられず、算出根拠、使途等を示されなかった」としました。

　またそもそも物流センターを利用していない取引においても、「小売業から物流センターの利用料を名目とする協賛金の負担要請を受けた」との回答が、物流センターを利用していない753取引の2.9%にあたる22取引で見られました。

　このアンケート結果を踏まえ、公正取引委員会は「センターフィーは、内容そのものが曖昧で、合理的根拠等がない中で負担を要請されている場合がある

物流政策

ほか、事前の協議の機会が与えられず、算出根拠、使途等を示されなかった、またはセンターフィーの負担額が直接の利益を上回る水準となっていることにより、優越的地位の濫用になり得る場合があると考えられる。」「このため小売業が、納入業者に対し、センターフィーの負担を要請する際には、納入業者に対して不当に不利益を与えることとならないよう、負担額とその算出、使途等について、当該納入業者との間で事前に十分協議する機会を設けるとともに、当該納入業者が得る直接の利益等を勘案して合理的であると認められる範囲を超えた負担とならないように留意する必要がある。」としました。

　さてこの事例から、以下の点を考えてみることにしましょう。

◆そもそも物流センターフィーは何故発生するのか？
◆納入業者は、物流センターフィーにどう対応すべきか？
◆小売業は、今後物流センターフィーをどう扱っていくべきか？
◆小売業専用センター（物流センター）は、今後どうあるべきか？
◆公正取引委員会は、物流センターフィー問題にどこまで踏み込めるか？

2 小売業の物流の基本的な流れ

① 小売業専用センター

　メーカーによって作られた商品が小売業の売り場に辿り着くまで、どのような道を描くのでしょうか。第2章で代表的なカテゴリーの流通経路を考察しましたが、そこでは商流と物流を区別せず、一般的な姿を描きました。商流の面から見ると、イオンやダイエーなどとの取引を除き、殆どの場合は、卸売業を介した取引になっています。卸売業の中抜きは一般的ではありません。

　しかしこれを物流の視点から見てみると、図表14-1のようになります。

図表14-1　物流の視点から見た流通経路

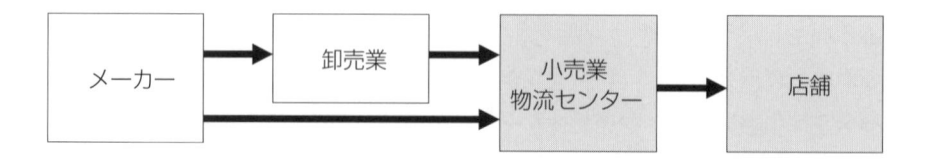

```
メーカー → 卸売業 → 小売業物流センター → 店舗
       ────────────────→
```

　メーカーで生産された商品は、基本的には卸売業に届けられますが、回転率の高い商品や特売商品は、メーカーから小売業物流センターに直接届けられます。また小売業物流センターをある卸売業が運営する場合、その卸売業が商流（帳合）を持つ商品は、メーカーから物流センターに直接納品されます。

　小売業物流センターは、多くの小売業が開設・運営する、自社専用センターのことです。今や業界を問わず、多くの小売業が自社専用センターを持っています。実際の運営は、小売業から委託を受けた特定の卸売業や物流事業者が行っています。

　小売業専用センターは、DC(在庫型)とTC(通過型)に大別されます。DCは、商品を在庫するタイプのセンター、TCは在庫せずに、そこでクロスドック（店別仕分けを行い、積み替えを行う）のみを行い、すぐに出荷するセンターです。

コンビニエンスストアや大手小売業はDCを志向する場合が多いですが、殆どの中小小売業はTCを開設・運営しています。DC・TC併設型もあります。

② 物流センターの中での仕事

メーカーや卸売業の仕事は、小売業の物流センターまで商品を届けるところで終わります。それから先が小売業の物流の守備範囲です（小売業から物流センターの運営委託を受けた卸売業は、この先も物流業務に携わります）。

物流センターの中では、DCは基本的に、入荷ー格納ー保管ーピッキングー流通加工ー店別仕分けー出荷という流れで、TCは、入荷ー仮置ー流通加工ー店別仕分けー出荷、という流れで仕事を行います。物流センターを出た商品は、店舗に届けられます。

③ 多頻度小口配送

図表14-2はセブン-イレブン・ジャパンの、物流センターー店舗間の輸送の現状を示したものです（2014年6月時点）。カテゴリーごとに自社専用センターが作られ、そこから多頻度でセブン-イレブンの店舗に商品が届けられます。

なお店頭における物流業務としては、発注、商品補充などがあります。

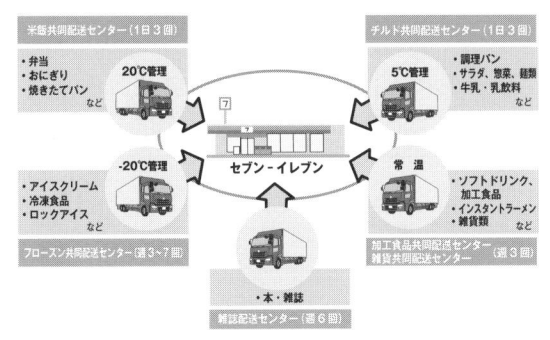

図表14-2　セブン-イレブンの物流

3 発注

① 発注の形式

　発注は、仕入先企業に対して、商品の注文を行うことです。各店舗で行った発注は、本部で集約し、それが仕入先企業に一括送信されます。

　発注には、新商品や臨時の取扱商品に関する「初期発注」と、継続的に一定の仕入先企業から一定の条件で仕入れる「補充発注」があります。補充発注は、図表14-3のように、定量発注方式と定期発注方式に分けられます。

図表14-3　定量発注方式と定期発注方式

A 定量発注方式

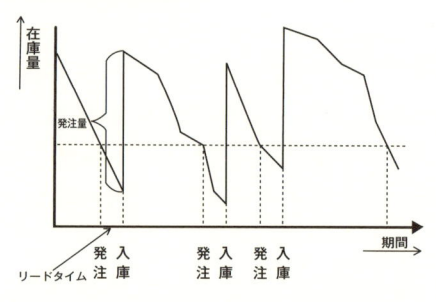

B 定期発注方式

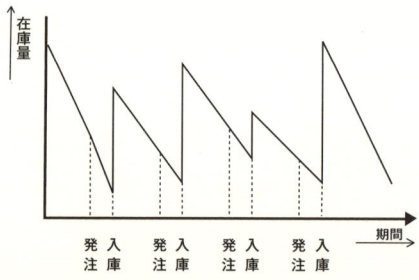

② 定量発注方式と定期発注方式

　定量発注方式は、発注点を定めておき、在庫量がその点を下回ったら、ある一定量を発注するというものです。発注時期は不定期です。一方、定期発注方

式は、毎週火曜日、毎月15日というように、補充発注する時期を決めておき、定期的に発注するというものです。毎回の発注量にはバラつきが生じます。

定量発注方式は、発注点と発注量さえ決めておけば、あとの管理は決して難しくありません。需要変動があまりない商品、定番商品、リードタイムが短い商品などに向いている方法です。最近多くの小売業が自動発注システムを導入していますが、その根本思想は、定量発注方式です。一方定期発注方式は、毎回商品ごとに需要予測を行うわけですから、手間がかかります。手間をかけてもよい商品となると、高額商品、季節商品、特売品、流行品などがあげられます。

③ 実際の発注

店舗からの実際の発注は、本部が定めた発注締め時間（締め切り時間）までに売り場担当者、アルバイト、パートタイマーなどによって行われます。その際、GOT（グラフィックオーダーターミナル）、DOT（ダイナミックオーダーターミナル）、HOT（ハンディーオーダーターミナル）と呼ばれる端末を使うことが一般的です。（写真）

④ 棚卸

自動発注を行うにせよ、人手で発注を行うにせよ、今、在庫がいくつあるのかきちんと把握しておかなければなりません。万引きやレジでの作業ミス等により、コンピュータ在庫（帳簿上の在庫＝帳在）と、実際の在庫（実在）が合わないことがあります。例えば在庫量が3個になれば12個発注するという自動発注システムを入れているのに、実際の在庫は0個だが、コンピュータ在庫は4個になっていれば、いつまで経っても発注はされません。定期的に実地棚卸を行うことで、実際の在庫量を確認しなければなりません。

4 在庫管理

① 小売業の商品の保管場所

店舗で商品を発注した後、届けられるまでの間、商品はどこに保管されているのでしょうか。商品のある場所としては、
- ・輸送途中のトラックの中
- ・小売業専用センター（DCである場合）
- ・店舗のバックヤード
- ・店舗の棚

があります。輸送途中のトラックや専用センターにどれくらい在庫があるかを把握せずに注文すると、バックルームや棚が商品で溢れかえってしまいます。

なお、在庫管理の方法には、A）金額による管理（ダラーコントロール）、B）数量によるコントロール（ユニットコントロール）の2つがあります。A、Bは両方とも行わなければなりません。

② 実地棚卸の実施

在庫は、入ってくるものと出ていくものが分かれば、自動的に計算できます。

本日の終了時点の在庫水準 ＝ 昨日の終了時点の在庫水準＋本日の入荷量
ー 本日の出荷量（販売量）

仕入データやPOSデータによって、現在の保管数量は商品ごとに把握することが出来ます。前節で見たように、これを理論上の在庫水準（帳簿在庫＝帳在、コンピュータ在庫）とすると、実際の在庫水準（実在庫＝実在）はこれに一致しないかもしれません。

帳在と実在の乖離がないように調整するものが、実地棚卸です。

③ 商品の所有権

　商品の所有権が誰に帰属しているのかを明確にすることも重要です。例えば、小売業専用センターがDCであったとしましょう。小売業専用センターでありながら、そこにある在庫はまだメーカーや卸売業のものになっており、小売業の店舗から発注があがり、商品が専用センターから店舗に向けて出発した時点で、所有権が移転する場合があります。このような在庫を、預かり在庫（あるいは預託在庫）といいます。

　また百貨店では、売り場に並べられている商品はメーカーに所有権があり、店頭で商品が売れた時にメーカーから仕入れをし、そして売上げを計上するという、消化仕入方式があります（第2章第5節参照）。

　いずれの場合も、小売業に所有権がなければ、返品は自由に行えることになり、その負担はメーカーや卸売業が負います。一方、小売業が買取りを行う場合は、商品の返品も破棄もすべて小売業の負担になります。

④ 在庫管理の目的

　産業財、消費財の中の専門品及び買回品の一部は、顧客から注文があってから生産したり、商品を準備したりすることが可能かもしれません。受注生産が可能な世界です。一方、消費財の中の最寄品及び買回品の一部は、顧客から注文がある前に、見込みで生産・発注をし、売り場に商品を並べておく必要があります。欠品があれば、消費者は競合店に行ったり、買い物を我慢したりするかもしれません。

　しかし欠品を恐れて、過剰に在庫すれば良いというわけではありません。過剰在庫により、在庫維持コストが発生、金利負担が増加、保管場所をとる、返品・廃棄・値下げによるロスの発生、無駄な作業の発生、などのデメリットが生じます。そして何より、在庫は資本を固定化することに他なりませんから、適正在庫を実現すれば、その分、キャッシュフローが増加し、経営にプラスの影響を与えることが出来ます。

5 商品補充

① 商品補充とは何か

　商品補充とは、売り場の欠品状態を予測し、一定数量以上の商品を整えるための作業です。商品補充作業は、通常顧客が来店する前の早朝に行われます。顧客が来店した時、売り場の棚が商品で溢れているようにするためです。その後は営業時間内に、従業員がバックルームから売り場の棚に随時補充します。

② 早朝の補充作業

　早朝の商品補充作業は、顧客が店舗に来る前ですから、顧客を気にすることなく、売り場の通路を自由に使って行うことが出来ます。
　小売業専用センターから送られてきた商品は、折りたたみコンテナ（オリコン）などに入れられ、カートラックや台車に積まれ、部門ごとに売り場に置かれます。「通路順別カテゴリー一括納品」などといわれますが、商品補充作業がしやすいよう、従業員の作業の動線を考慮した形になっています。商品補充をする従業員があまり動かなくても、効率的に商品補充が出来るよう、売り場をいくつかの場所に分け、そこを拠点に作業が行われるという仕組みです。

③ 営業時間内の商品補充

　早朝に一度商品補充が行われていますから、営業時間内に行う商品補充は、品薄になったところを随時行っていく方式がとられます。
　従業員は、各売り場を巡回し、欠品になっているところ、欠品になりそうなところを探します。そしてその商品を、バックルームに探しに行きます。それをカートラックや台車に乗せ、売り場に運びます。顧客は店内を歩き回り、商品を選んでいるわけですから、それを妨げることのないよう、また圧迫感を与えることがないよう、カートに積む商品も顧客の目線以上の高さにならないよ

う気を付けます。

　商品は、陳列棚の一番奥に入れます。日付の古い商品（賞味期限が早く訪れる商品）ほど手前に置き、逆に日付の新しい商品は奥に置くというものです。またPOPやプライスカードなどの情報が正しいかどうかを確認します。

④ 商品補充時の注意事項

1) 先入先出しの徹底
　前述したように、商品を陳列する場合は、直近に仕入れたものほど奥に陳列します。先に入ってきたものほど早く売ろうというものです。

2) 前出し陳列
　顧客が商品を手に取って購入すると、その場所が何もない状態になり、それが何度も続くと、売り場が乱れることがあります。手前側の商品が売れた結果、棚の奥の方を覗き込まないとその商品が見つからない、といった状況です。商品は顧客の目に留まって、立ち止まってもらい、手を伸ばしてもらい、それがカゴに入り、レジで精算されるところまで行われなければ意味がありません。その最初の第一歩である、顧客が商品を見つけるところは非常に重要なところです。それを実現するのが、従業員による、徹底した前出し陳列です。

3) 賞味期限や消費期限が近いものを探す
　賞味期限や消費期限が近いものは、売り場に陳列されてあっても、顧客は魅力を感じず、買ってくれません。欠品しているのと同じ状態です。そうなる前に、値引きして売切ってしまう方が望ましい場合があります。

　例えば、生鮮3品（青果、鮮魚、精肉）、デリカテッセン、惣菜、日配品などは、消費期限が設定されており、長い間保管することが出来ないものです。こうした商品は、ある程度消費期限に近づいたところで、タイムセールを行います。返品したり、廃棄したりするのであれば、たとえ、利益率は下がっても多少でも回収しておこうという戦略です。

　賞味期限や消費期限が近い商品を探すのも、従業員の重要な仕事です。

ケースで見る流通その14を掘り下げると…

　第5章で、日本の取引制度の特徴について考察しました。従来メーカーは、三段階建値制度を堅持していました（現在でもこの枠組みでビジネスを行っている企業はたくさんあります）。その建値制の下での納入価格には、店舗納入までのあらゆるコストが含まれています。小売業を買い手とする場合、その取引価格のことを「小売店着価格」と呼びます。

　このように、取引制度上は、取引価格には小売店の軒先まで配達してくれるコスト等が含まれているにも関わらず、実際には小売業が自社専用センターを開設した後は、メーカーや卸売業は、専用センターに納品すれば済むようになりました。

　こうしたなか問題になったのが、「物流センターの開設・運営コスト」「物流センターから店舗までの配送コスト」は誰が負担するのか？というものです。当然取引制度に従えば、メーカーや卸売業が負担することになります。これが「物流センターフィー」問題です。本当はもっと安く運営しているにも関わらず、小売業は高い料率を設定し、卸売業やメーカーからフィーを徴収しているのではないか？利益を生み出すプロフィットセンターになっていることはないだろうか？と疑心暗鬼な状態を生み出しているわけです。

　物流センターフィー問題を解決するには、上記の取引制度の内容を改訂する必要があります。しかもアンケート結果が示していたように、物流センターを介さない取引であっても、物流センターフィーを徴収するといったケースに関しては、メーカーや卸売業は断固拒否することが大切です。

　今後人口が減少し、需要があまり伸びない市場環境となるなか、自社専用センターを維持するコストはますます高まっていく可能性があります。早い段階で、専用センターが出てくる前の時代にあった、卸売業の汎用センターを使用する可能性など、もう一度ゼロベースで、検討してみる必要があることでしょう。

15

情報政策

[本章の構成とねらい]
これまでの章で、小売業における様々な政策について考察してきました。
こうした政策が実現するのも、
その多くの場合、情報システムの支えがあるからです。
本章では、小売業の情報システムを、
販売に関する情報システム、
発注に関する情報システム、
物流に関する情報システム、
小売業一消費者間の情報システム、
に大別し、それぞれについて見ていくことにしましょう。

1 ケースで見る流通 その15

★ ビッグデータ活用時代の売上ABC分析 ★

　図表15-1は、売上ABC分析の結果を図示したものです。売上ABC分析では、横軸には売れている順に商品を並べ、縦軸には累積売上高シェアをとります。

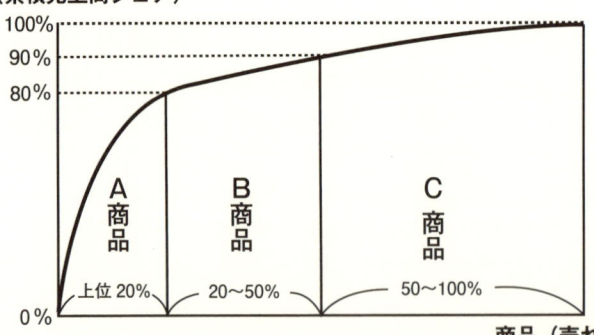

　その結果を見ると、上位20％の商品で売上高の約80％を占めていることが分かります。こうした傾向は、どのような店舗、どのような商品であっても、ほぼ同様になります。これを、20-80の法則またはパレートの法則などといいます。これら上位20％の商品は、売行きが好調な商品であることからA商品と呼びます。また上位50％の商品で、一般に売上高の約90％を占めることが知られています。これをB商品といいます。そして残り半分の商品はC商品です。

　このように、A商品、B商品、C商品を特定するために実施するのが売上

図表15-1　売上ABC分析

ABC分析です。その結果をもとに、その後、A商品、B商品、C商品のそれぞれにあった商品管理、各種マーケティング策などを行います。

　この分析は、POSデータさえあれば簡単に行うことが出来ます。月、四半期、半年といった単位で区切り、各商品がA、B、Cのどのランクにプロットされているか？ランクが変わった理由は何か？などを分析します。店舗ごとに分析することで、A、B、Cのランクが違う商品があれば、その理由を掘下げて分析することも出来ます。

　さてこの事例から、以下の点を考えてみることにしましょう。

◆POSデータ以外に、どのようなデータを分析することが望ましいか？
◆A商品、B商品、C商品は、どのような商品か？
◆B商品、C商品は、どのような場合に、カットしてはいけないか？
◆売上ABC分析の結果を、品揃え政策にどう反映させれば良いか？
◆売上ABC分析の結果を、発注政策にどう反映させれば良いか？

2 販売に関する情報システム

① POSシステムとは

　POSはPoint Of Salesの略で、POSシステムは「販売時点情報管理システム」です。自動読取り方式（スキャニング方式）のレジスターで、お客様が精算する時に、販売データを収集するというものです。また販売データだけでなく、仕入れや配送などの活動で発生する各種情報もコンピュータに送り、各部門が有効利用出来るよう、それら情報を蓄積・加工します。

　POSシステムの特徴としては、1）単品管理が出来る、2）販売時点でのリアルタイムな情報が収集できる、3）自動読取りが出来る、があげられます。

② POSシステムの仕組み

　小売業におけるPOSシステムは、一般的に「POSターミナル（POS端末またはPOSレジともいいます）」と「ストアコントローラ」から構成されます。

　POSターミナルには、レジスター機能とPOS機能があります。レジスター機能はお客様が商品を購入した時、レジで精算する機能のことです。POS機能は、POSターミナルに付いているスキャナーで商品のバーコードを読込み、ストアコントローラの中に登録してある、商品バーコードに該当する商品の価格を呼び出すものです。そして売上計算を行った後、そのデータを、ストアコントローラ内の売上明細ファイルに書き込むというものです。POS機能はPLU機能（Price Look Up：価格検索機能）と呼ばれます。

　なお近年ではPOSターミナル、ストアコントローラにパソコンのOSを搭載した「PC-POS」が主流になっています。

③ 顧客データ

　顧客データは、商品を「誰が」買ったか、という情報です。POSシステムからは、いつ、何を、いくつ、いくらで販売したか、知ることが出来ますが、「誰が」という情報は収集できません。第13章で見たように、顧客を識別出来る顧客カード等を発行し、レジで精算する際に、そのカードを提示してもらう、などの仕掛けが必要です。これによりPOSデータと顧客データが紐付きますが、こうしたデータを「ID付きPOSデータ」と呼びます。

④ コーザルデータ

　コーザルデータは、売上に影響を与える要因に関する情報です。特売で売ったのか定番で売ったのか、チラシの有無、競合店の状況、曜日、地域行事、天候・気温などです。

⑤ バーコード

　大半の商品には、バーコードが貼付あるいは印刷されています。
　バーコードとは、バーシンボルとコード（番号）から成り立っています。バーシンボルは、黒と白の線、コードは0~9の数字です。バーシンボルは、スキャナーでスキャンした時、コードを自動的に読み込むためのものです。
　日本で使用されているバーコードは、JANコード（Japanese Article Number コード）と呼ばれるもので、その番号は流通システム開発センターが管理しています。JANコードには、標準タイプ（13桁）と短縮タイプ（8桁）があります。標準タイプを見ると、13桁のうち最初の2桁は国番号（日本は49）です。その次は、メーカーコード7桁、商品アイテムコード3桁の「9桁JAN企業コード」と、メーカーコード5桁、商品アイテムコード5桁の「7桁JAN企業コード」があります。最後の1桁はチェックデジットです。一方短縮タイプは、国番号2桁、メーカーコード4桁、商品アイテムコード1桁、チェックデジット1桁になっています。

3 発注に関する情報システム

① EOS

　発注の手段には、仕入先企業の営業スタッフが自社を訪問した際に注文する、電話やFAXで注文する、など様々なものがあります。今日では、EOS（Electronic Ordering System：電子発注方式）がメインです。何らかの電子機器を使って発注するというものです。EOSを導入することで、従来のやり方に比べ、発注から納品までのリードタイムが短縮し、多頻度納品などを低コストで行えるようになります。

② EDI

　EOSをはじめとする業務では、売り手企業と買い手企業が何らかの電子機器を使って情報をやり取りします。それをEDI（Electronic Data Exchange：電子データ交換）といいます。

　これまで企業間に専用回線を設置したり、業界ごとにVAN（Value Added Network：付加価値通信網）を構築したりしてEDIを行ってきました。1980年代以降、多くの企業が導入したJCA手順は、電話回線を使用するもので、小売業はその会社独自のフォーマットで卸やメーカーにデータ送信を行いました。その後、電話回線ではなく、インターネットを利用するWeb-EDI（Web-Electronic Data Exchange）の普及が進みました。インターネットの通信速度は、電話回線の100倍であり、効率化が進みました。

　最近は、新しいEDI規格である「流通BMS（ビジネス・メッセージ・スタンダード）が普及し始めました。これは、売り手企業と買い手企業がやり取りするデータのフォーマットを標準化しようというものです。その情報は図表15-2の通りで、非常に多くの項目を標準化しようというものです。小売業にとっても、卸売業及びメーカーにとってもメリットがあります。

流通BMSは、2007年に経済産業省主導で策定されましたが、流通システム開発センターの調べによると、2013年12月1日現在で、卸売業及びメーカーの6,500社以上が流通BMSを導入しているとのことです。また社名を公開している小売業を見ると、イオン、イトーヨーカ堂、ダイエーなど大手企業の殆ど全てを網羅する160社になっています(2014年5月1日時点)。

図表15-2　流通BMSで現在及び将来においてデータ交換が行われると想定される業務プロセス

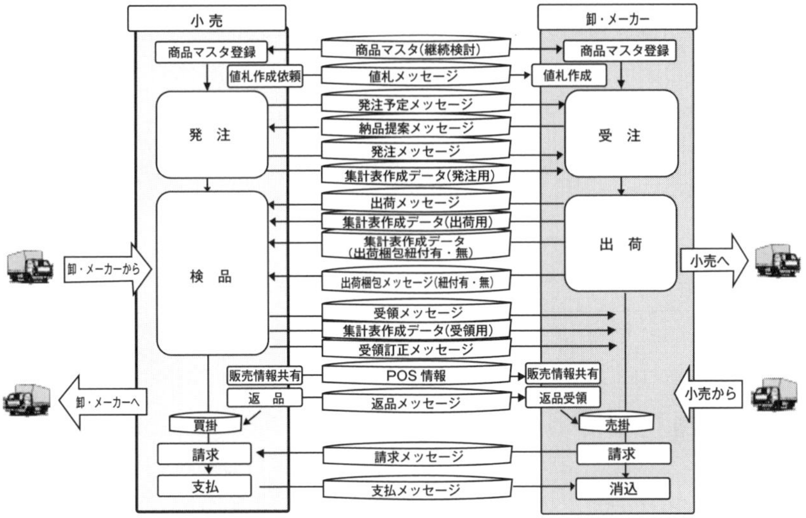

(資料)『2012～2013流通情報システム化の動向』流通システム開発センター

4 物流に関する情報システム

① ITFコード

　輸送や保管の際は、荷姿は段ボールなどであることが少なくありません。商品に貼付あるいは印刷されるJANコードと異なり、物流ではITFコード（Inter-Leaved Two of Five）が使用されます。段ボールに印刷したり、貼付したりするものです。これは国際標準であり14桁です。

　14桁の内訳は、最初の1桁はインジケータで、次の12桁はJANコードの12桁（最後のチェックデジットを除く）です。そして最後の1桁は、JANコードとは異なるチェックデジットです。

② 輸出用に使用する商品コード

　日本では、商品に貼付あるいは印刷する商品コードは、JANコードが使用されています。13桁の数字です。これに対し米国などでは12桁のUPC(Universal Product Code)が使われています。日本のPOSシステムは、海外の12桁のUPCを読取ることが可能ですが、海外のPOSシステムではUPCしか読取れない場合があります。日本企業が海外に商品を輸出する場合は、先方が、EANバーコード（13桁、日本ではJANコード）の読取りが可能かどうか確認しておく必要があります。

③ 物流に関する情報の流れ

　小売業が、卸売業（あるいはメーカー）に商品を発注し、それが納品されるまでの情報の流れを見てみましょう（図表15-3）。

　小売業が発注すると、卸売業はその情報に従って商品をピッキングし、品揃えし、出荷に備えます。そして、取引先名、取引先コード、納入指定日などの納品情報を記したSCMラベル（Shipping Carton Markingラベル）を作成し、

それを商品に貼付して梱包します。

その納品情報は、商品が到着する前に小売業に、事前出荷情報（ASN：Advanced Shopping Notice）として送付されます。納品データは配送指示情報として物流事業者にも送られ、物流事業者はそれを送り状の形で商品と共に小売業に持って行き、その送り状情報と、ASNが合っているかどうかを検品します。モノの流れと、情報の流れが不可分の関係にあることが分かります。

図表15-3　物流に関する情報の流れ

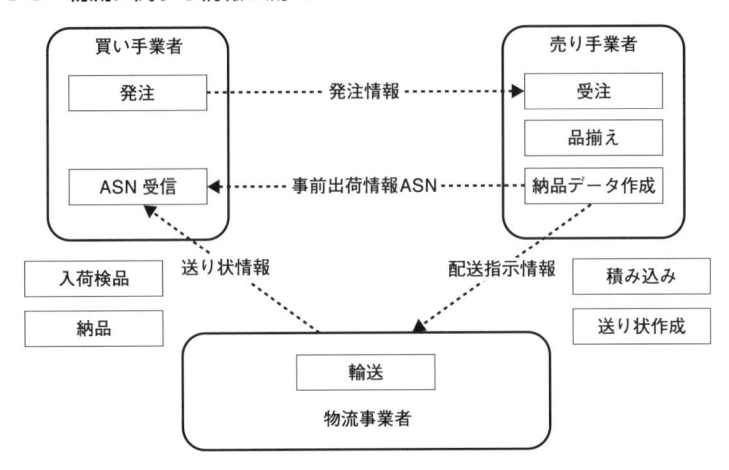

```
┌─────────────────┐                         ┌─────────────────┐
│  買い手業者     │                         │  売り手業者     │
│  ┌──────────┐   │ ······発注情報······>   │  ┌──────────┐   │
│  │  発注    │   │                         │  │  受注    │   │
│  └──────────┘   │                         │  └──────────┘   │
│                 │                         │  ┌──────────┐   │
│                 │                         │  │ 品揃え   │   │
│                 │                         │  └──────────┘   │
│  ┌──────────┐   │ <···事前出荷情報ASN···  │  ┌──────────┐   │
│  │ ASN 受信 │   │                         │  │納品データ作成│
│  └──────────┘   │                         │  └──────────┘   │
└────────┬────────┘                         └────────┬────────┘
         │ 送り状情報          配送指示情報           │
┌────────┴────┐                                 ┌────┴────────┐
│ 入荷検品    │                                 │ 積み込み    │
└─────────────┘                                 └─────────────┘
┌─────────────┐                                 ┌─────────────┐
│ 納品        │                                 │ 送り状作成  │
└─────────────┘                                 └─────────────┘
                    ┌─────────────────┐
                    │     輸送        │
                    └─────────────────┘
                       物流事業者
```

なお、こうした企業間の情報交換は、前節で見た、電子データ交換（EDI：Electronic Data Interchange）の仕組みを用いることが殆どです。これまで国際EDI標準（UN/EDIFACT）に準拠した流通標準EDIであるJEDICOS（Japan EDI for Commerce Systems）が用意されてきましたが、現在は、前節で見た、インターネット対応のEDI標準である流通ビジネスメッセージ標準（BMS：Business Message Standards）の普及が進められています。

また物流EDI標準、JTRN（ジェイトラン）も開発されました。CII標準に準拠した汎用物流EDIです。CIIは日本のみの国内標準です。日本では、CII標準に準拠したJTRNが、荷主企業と物流事業者の双方に普及しています。

5 小売業-顧客間の情報システム

① オムニチャネルとは何か

　近年、イオンやセブン＆アイグループなどの大手小売業は、オムニチャネルに対する取組みを強化しています。オムニは「すべての」、チャネルは「経路」を表す言葉です。つまり、実店舗だろうが、インターネットを介したものであろうが、顧客がどのチャネルで買い物をしたのかという意識がなくなるくらい、あらゆるチャネルでの対応を充実させていこうというものです。

② ネットビジネスに対する危機感

　オムニチャネルという言葉が叫ばれ始めた背景には、ネットショッピングに対する危機感があります。実店舗で購入するより、アマゾンなどで購入する方が安い事例も多々見られるようになってきました。
　こうなると消費者は、最終的に買うのはネットで、店舗は商品の下見に、というように使い分けるようになります。こうした行動を「ショールーミング」といいますが、これを放置しておくと、実店舗での売上がどんどん減少します。その対応として、あらゆる顧客接点を取込んでいこうという戦略が、オムニチャネル戦略というわけです。

③ セブン＆アイグループの取組み

　セブン＆アイグループは、2014年度中に、オムニチャネルへの取組みを強化すると発表しました。消費者は、セブン＆アイグループのスーパー、百貨店、専門店、ネット通販で商品を注文すると、注文した商品を指定したセブン-イレブンの店舗で受け取れるというものです。また店員が自宅まで運ぶシステムも構築するとしています。
　2014年7月からは、神奈川県において、イトーヨーカ堂のネットスーパー

で注文した商品を、周辺のセブン-イレブンでいつでも受け取れる実証実験を開始する予定です。ネットスーパーで扱う約3万品目を、イトーヨーカ堂の店が閉まった深夜でも受け取れるとのことです。2015年夏には、グループで扱うほぼ全ての商品をセブン-イレブンに揃えられるようにしたいとしています。

④ オムニチャネル戦略実現のための準備

　イトーヨーカ堂を訪れた消費者が、ある商品を購入しようとしたところ、それが欠品していたとします。すると店員は、「あいにく当店では品切れでございますが、A店には在庫があります。明日の朝10時以降であれば、お客様のお近くのセブン-イレブンでお受け取りになれます」というように提案し、販売チャンスロスを最小にする…。こうしたビジネスモデルの構築が、オムニチャネルの最終的な理想形です。

　これを実現するには、グループ企業のどの店舗にどのような商品があるのか、それを一元管理し、店員が検索出来るシステムがなければなりません。またそれを、いつまでにどの店舗に配達できるか、そうした物流条件もすぐにシミュレーション出来る仕組みがないといけません。

　顧客情報に関しても、グループ企業におけるあらゆる購買活動の結果を一元管理し、グループ企業全体でその消費者の需要を満たしていけるよう戦略を立てる必要があります。膨大なデータを蓄積するハード施設の充実、それを分析する人材の育成・管理も不可欠です。

　従業員の評価方法も変更しなければなりません。今自店には、B商品の赤色版を望む顧客がいますが、黄色版ならあるとします。真の顧客満足度向上のためには赤色版を探し、それを出来るだけ早くお届けすることを提案すべきですが、他店での購入を勧めた場合、それがその従業員の成果に繋がるのかどうか、セカンドベストである黄色版を勧めた方が評価につながるのか、など固めておく必要があるでしょう。

ケースで見る流通その15を掘り下げると…

　売上ABC分析は、あるカテゴリーにおける全ての商品を売れる順に並べ、「上位○％で売上高の△％を占める」というように、商品の相対的な位置付けを明らかにすることで、その結果を商品政策に活用していこうというものです。一般的には上位20％の商品で売上高の約80％、上位50％で約90％、残りで100％になるといわれています。

　これらは全て、売上高から分析したものです。A商品は、売上高は大きいものの、特売や値引きによる成果であることが少なくありません。ロスリーダー・アイテムのように、この商品を破格の値段で提供することで、先ずは来店して頂き、関連購買を期待する、という戦略を実施したのかもしれません。

　売上のデータに利益のデータを組合せることで、本当に自店にとって利益が出ているのかどうか、赤字になっていないかどうかを、確認したいところです。B商品、C商品のように、売れない商品の中にこそ、ビジネスの旨みがある場合も多いことでしょう（利益率は高いため）。

　また、B商品、C商品のうちのいくつかは、自店にとって何があっても確保・維持したい、優良顧客が購入している商品である可能性があります。死に筋商品だとして、簡単にカットしてしまうと、失ってはいけないお客様まで一緒にいなくなってしまいます。顧客データとの照合も是非とも行いたいところです。

　B商品、C商品は、前述したように利益率の高い定番商品であることが多いと同時に、顧客のバラエティーシーキングを満足させている場合もあります。その商品は買わないけれど、それがある為に比較購買を行い、ショッピングを楽しんでいるというわけです。利益率が高いからといって、それだけを品揃えすると、つまらない売り場になってしまいます。

　もちろん、B商品、C商品の売れ行きが良くないのは事実ですから、あまり手間をかけて発注などは行いたくないところです。出来れば自動発注などを検討するのが望ましいでしょう。こうした様々な施策を、総合的に行っていきたいところです。

16

組織および
オペレーション

[本章の構成とねらい]

本章は、小売業の組織および
オペレーションについて考察します。
先ず、小売業はどのような組織になっているか見ていきましょう。
次に店舗サイドに目を移し、
レイバー・スケジューリング・プログラムについて考察します。
また、小売業の日々の業務には、どのようなものがあるでしょうか？
そして最後に、近年多くの小売業が実施している、
トヨタ流改革である「カイゼン」はどのようなものか？
見ていくことにしましょう。

1 ケースで見る流通 その16

★ 24時間営業は儲かる？ ★

　近年、多くの外食産業が24時間営業を取りやめたり、営業時間を短縮したりしています。

　ハンバーガーショップを見てみると、日本マクドナルドは、2014年のうちに、24時間営業の店を約300店削減するとしました（2013年末時点の1,840店を1,500店にする予定）。またモスフードサービスは、ほぼ全店を午前9時開店から午前7時開店に早める一方、閉店時間を午前0時から午後11時に繰り上げました。

　ファミリーレストランでは、ガストやジョナサンを運営するすかいらーくが、2013年より、深夜営業をしている2,300店のうち、約620店の閉店時間を順次約2時間前倒しし始めました。ロイヤルホストを運営するロイヤルホールディングスは、2011年からの3年間で、24時間営業の店を58店から19店に7割削減しました。

　一方、24時間営業を拡大しているところもあります。中華料理店・大阪王将を運営するイートアンドは、2014年4月、24時間営業の「大阪王将・品川店」をオープンしました。深夜の客単価は1,000円程度と、昼間に比べ200円以上高く、1日の売上高は一般的な都心型店舗の2倍近くあるとのことです。今後会社員らの利用が見込める駅前立地を中心に、24時間営業の店舗を増やしていくとしています。

　小売業の動きは、外食産業ほどの変化は見られず、2000年に施行された大規模小売店舗立地法により営業時間が原則自由化されたのを受け、多くの店舗

が午後9時以降も営業しています。全店で24時間営業をするところは少ないものの、一部の店舗で24時間営業をしているところは多く、西友、ライフコーポレーションなどが実施しています。

　しかし小売業においても、オダキューOX（小田急商事）、肉のハナマサ（花正）、マックスバリュ東海など、従来24時間営業をしていた店舗を、大幅に削減する動きが出てきました。

　こうしたなか、注目すべき判決が出ました。この訴訟は、セブン-イレブン・ジャパンとフランチャイズ契約を結んだ加盟店主5人が、24時間営業や公共料金の収納代行業務を強要されるのは不当だとして、同社に強要を辞めるよう求めたものです。2013年6月、最高裁は店側の上告を退けました。要はフランチャイズ契約をした以上、深夜営業を行いなさい、というものです。

　24時間営業をめぐり、実に色々な動きがあることが分かります。さてこれらを踏まえ、以下の点を考えてみることにしましょう。

◆小売業では24時間営業は行うべきか、そうでないか？
◆24時間営業をする場合としない場合での、利益はどう違うか？
◆消費者のライフスタイルはどう変わってきたか？
◆今後24時間営業の店舗は増えていくか、減っていくか？
◆24時間営業とそうでない場合で、商品の搬入や品出し業務などは変わるか？

2 流通業の組織

① 組織形態の種類

　小売業、卸売業、物流業の多くは中小企業です。代表して小売業を見ると、就業者数（従業員数に臨時雇用者数及び出向・派遣受入者数を加えたもの）が4人以下の企業は6割以上になっています。1~2名の企業でおよそ4割を占めます（2014年時点）。

　こうした中小流通業は、組織体制を杓子定規に決める必要はなく、様々なケースに柔軟に対応していくことが重要です。しかしある一定規模以上の流通業になると、きちんとした組織体制を作り、指揮命令系統を整備しなければなりません。

　以下、代表的な組織形態について見ていくことにしましょう。

1) カンパニー制

　事業部門を、独立したカンパニー（会社）のように分け、それぞれを独立採算制で運営させる社内分社制の一形態です。カンパニーとして機能するよう、経営資源を分配し、ある程度の権限を与えます。

　カンパニーごとに迅速な意思決定が出来るようになり、組織としてまとまりが出てきますが、カンパニーの数が増えすぎると、経営資源が分散し、重複投資が行われる可能性が出てくるなど、デメリットが発生します。

　1997年に持株会社制度が解禁されてからは、カンパニー制から持株会社制へ移行する企業が多くなっています。

2) 事業部制

　カンパニー制の一歩手前の形態です。スーパーマーケット事業、コンビニエンスストア事業、不動産事業のように、柱となる事業ごとに事業部を編成し、それを本社（本部）の下におくというものです。

　事業運営に関する責任と権限は、本社（本部）から事業部へ、大幅に譲渡さ

れます。ただし日本における実際の企業の状態を見ると、権限の委譲は一部に限られ、製造、販売、人事、経理など、その多くが全社的に行われているケースが大半です。

3) 機能別組織

仕入・調達部門、販売部門、商品開発部門、物流部門、財務部門、総務部門、のように、主要な機能ごとに編成された組織形態のことです。機能ごとに専門性を高めることが出来ます。採用も機能別組織単位で行われ、ジョブローテーションがあまり行われない職場では、個人の専門性が高まります。

しかし部門ごとの横の連絡が不十分になり、各部門の調整が難しくなる弊害があります。

4) 顧客別組織

相手が主要企業であり、自社の相手企業に対する取引依存度が高い場合、相手企業専用の組織を作ります。メーカーや卸売業であれば、イトーヨーカ堂チーム、マツモトキヨシチーム、三越伊勢丹チームを作るような感じです。

相手先企業の立場に立ち、満足度を最大限にするような取引を実現することが出来ますが、これも3)と同様、企業チーム同士の横の連絡が不十分になり、重複投資をしてしまう危険性があります。

② 複数企業の組織化

複数企業の組織化の代表例として、ボランタリーチェーン、フランチャイズチェーンがあります（第7章4節参照）。

1) ボランタリー・チェーン

小規模の独立した企業が、独立性を維持した状態で、運営上の共同活動を行うものです。卸売業主宰のものと、小売業主宰のものがあります。

2) フランチャイズ・チェーン

ある企業が、資本関係のない他の企業に対し、店舗ブランド名、経営ノウハウなどのフランチャイズパッケージを提供する代わりに、対価として、売上高あるいは売上総利益の一部をロイヤルティとして頂く仕組みです。

3 レイバー・スケジューリング・プログラム

① レイバー・スケジューリング・プログラムとは

　レイバー・スケジューリング・プログラム（以下LSP）は、小売業をはじめとするサービス業で用いられる手法です。売上高や来店客数の予測値（または目標値）を入力すると、時間帯ごとに何人の従業員（正社員、パート、アルバイト）が必要かを算出し、さらに従業員の配置計画を作成するというものです。

　店舗の作業には、レジ、品出し、清掃など様々なものがあります。夕食前の忙しい時はレジに列が出来、お客様を待たせることがある一方、暇な時間帯は、従業員が余ってしまうことでしょう。こうした波を少しでも減らし、「○○さんは朝10時～3時」「△△さんは朝10時～5時」というように従業員別の勤務計画を策定するのがLSPの機能です。

　小売業は、労働集約的な産業です。費用に占める人件費の比率が高く、人材をいかに上手に活用するか、常に考えなければなりません。

② 従業員1人あたりの生産性

　従業員の配置計画を策定するうえで、考慮すべき2つの指標があります。

　先ずは「人時（にんじ）」です。「1人の従業員が1時間あたりに働いた工数」を意味します。10人時とは「10人の従業員が1時間働いた工数」あるいは「5人の従業員が2時間働いた工数」「1人の従業員が10時間働いた工数」などを意味します。

　次に「人時生産性」です。粗利益高を総労働時間（スーパー全体で見た人時の合計）で割って求められます。1人の従業員が1時間に生み出す利益額を意味します。

③ LSP実施の手順

1) LSP導入の目的の明確化及びその共有

　LSPを導入するにあたり、現状の人時生産性の水準はどうなっているか？LSPを行うことでどの程度向上させることが出来るか？など現状や目標水準が、管理職の人たちの間で共有されていなければなりません。計画は本部が作成するにしても、実際の作業は店舗が行いますので、店長はもちろん部門長も、LSPの目的や内容を理解しておく必要があります。

2) 売上高及び来店客数の予測

　従業員の配置計画を策定するうえで、出発点となるのは、売上高と来店客数です。これをいかに正確に予測できるかで、LSPがうまくいくかが決まります。

　明日の売上高は○○万円だろう、来店客数は○○人だろう(時間帯別)、と予測します。それだけの人をこなすには、何人時が必要か決まるわけです。

3) 必要人時の計算

　お客様を待たせてしまう一番の部門は、レジでの精算業務でしょう。あまりに長く待たせると、顧客満足度が下がり、買い物をやめて帰ってしまうお客様もいるかもしれません。

　LSPにより、レジ業務では、9~10時は3人、10~11時は4人、のように時間帯ごとに必要な人数を算出します。お客様がたくさん来る時間帯は、何よりレジ業務を優先します。一方手隙の時間帯には、品出しをしたり、前出し陳列をしたり、清掃をしたりします。それでも人員が余る場合は、可能な限り、その人の勤務時間を短縮します。

4) 改善

　LSPは一度行えば、それで終わりではありません。PDCAサイクルのCとAにあたるところですが、実施した結果をもとに、常に改善を図っていかなければなりません。予測値は何故外れたのか、予測はあっていたのに何故レジには長い列が出来たのか、アルバイトの人の急な休みにどう対応したか、など様々な点について振り返りを行います。

4 日々の業務

① 朝礼・ミーティング

　朝、開店する前にその時間にいる社員、パートタイマー、アルバイトが一堂に会し、朝礼を行います。「お客様第一」などの経営理念を確認すると同時に、場合によってはラジオ体操や、挨拶の練習なども行います。

　昨日の売上の報告、今日の売上目標といった業績に関することや、昨日お客様から寄せられた声、昨日の夜のスタッフからの連絡事項、本部からの連絡事項、頭髪や服装のチェックなどを行います。

② クレンリネス

　クレンリネス（またはクリンリネスといわれる）は、美しく、衛生的で、お客様がまた来たいと思えるような状態を維持することです。要は、清潔できれいな売り場作りということになります。

　5Sという言葉があります（図表16-1）。5つのSのうち、2つのS（整理、整頓）は特に重要なものです。お客様の目が届く売り場だけでなく、バックルームや専用センターなどにおいても、5S活動や2S活動を推進しなければなりません。どこに何が置いてあるか分からないバックルームでは、従業員の商品補充作業に時間がかかったり、先入れ先出しが出来なかったりします。

図表16-1　5S活動

整理：要るものと要らないものを区別し、要らないものは処分する
整頓：要るものを使いやすい場所に、番地を定めてきちんと置く
清掃：掃除をしてきれいにし、いつでも使えるようにする
清潔：整理・整頓・清掃によってできあがった状態を維持する
躾（しつけ）：職場の規律（ルール）を守る

組織およびオペレーション

③ レジ業務に関する事前準備

　レジの周りは整理・整頓・清掃が必要です。レジ、カウンター、包装台、床などを綺麗にします。買い物カゴも取りやすいように整頓します。

　次に、レシート、プリンターの状況、印字される日付が正確かどうか、ビニール袋など、備品やプリンター関連のものをチェックします。つり銭も十分な量を準備しておかなければなりません。このチェックをおろそかにすると、営業時間中に作業を止め、補充作業が必要になります。

　レジの待ち時間が長かったり、つり銭を間違えたりすると、顧客満足度は一気に下がります（特につり銭が少ない場合）。迅速に出来るよう、念には念を入れた準備をしておきたいところです。

　またクレジットカードを利用する方、レジで電子マネーに課金したい方、領収書の発行を望む客、公共料金の支払いをしたい方（コンビニエンスストアの場合など）などは、特に時間がかかります。こうしたお客様がいる場合、別のサービスカウンターで応対するなど、特別の対応についても事前に決めておく必要があるでしょう。

④ 万引き防止の為の対策

　万引きによる売上高への影響は、一般的なお店で、平均的に見て1~2%程度であるとされています。小売業の売上高経常利益率もその程度であることを考えると、万引きがなければ大幅増益になることでしょう。

　怪しいと思われるお客様を中心に「いらっしゃいませ」と声かけをする、棚に並べた商品の前列が揃うような品出しを励行する（綺麗な売り場を維持する）、外売場や死角が多い売り場にカメラを付ける、ICタグなどの商品札を付ける、高額商品は空き箱だけを陳列しレジで実物と交換する、警察署の方々に適宜パトロールをお願いする、など様々な方法を組合せて対応していかなければなりません。

5 カイゼン

① カイゼンとは何か

　カイゼンは「改善」であり、広辞苑（第6版、岩波書店）によると、「物事を良い方向に改めること」とあります。そこから転じて、売り場や物流センターなど、現場で作業者を中心に実施するボトムアップ型の改善活動のことを「カイゼン」といいます。1980年代以降、海外に進出した自動車メーカーであるトヨタ自動車の強さを調べたマサチューセッツ工科大学の研究などを通じてカイゼンは有名になり、今やKaizenとして世界各国で通用する言葉になりました。トヨタ自動車発祥であることから「トヨタ流改革」と呼ばれることもあります。その流れは図表16-2に示す通りです。

図表16-2　カイゼンの流れ

事前段階	カイゼンの目的を理解する
ステップ1	問題点を発見する
ステップ2	問題点の真因を追究する
ステップ3	現状を分析する
ステップ4	カイゼンする為の案を作成する
ステップ5	カイゼン案を実施する
ステップ6	実施したことを確認する
ステップ7	確認したことを報告する
さらなる業務改善に繋げる	

② 多くの小売業、卸売業、物流業で実施

　他の業界や業種と同じように、小売業、卸売業、物流業においても、多くの企業が、何らかの形でカイゼンを行っています。

　例えばカイゼンへの着手が早かったイトーヨーカ堂は、2003年4月から、大宮店（埼玉県）の食品売り場において、豊田自動織機とカイゼン活動を開始しました。半年後には同社単独で、松戸店（千葉県）の食品売り場とバックルームでカイゼンを開始しました。翌2004年1月には住居関連及び衣料関連に対象を広げるなど、本格化させました。

　またスーパーマーケットのカスミ（茨城県）は、長年にわたり全社をあげてカイゼンに取組んだ結果、日本ロジスティクスシステム協会が発表する物流合理化賞受賞の常連メンバーになりました。関連する物流事業者も一緒に取組み、社長も毎回取組みの成果報告会に出席しコメントするなど、本格的に行っています。

③ 真因の追究

　図16-2のステップの中で最も需要なのはステップ2です。現状に問題がある真の原因は何であるか？いわゆる真因を確定するステップです。

　これは、「なぜ？なぜ？・・・」を5回繰り返すことによって、真因に辿り着くというプロセスです。真因に辿りつくことで、そこを優先的にカイゼンしていこうという流れに結びつきます。

現状	：うちの小売業は、店頭欠品が多い
1回目のなぜ？	：バックルームからの品出しが出来ていない
2回目のなぜ？	：従業員が棚やバックルームを確認しない
3回目のなぜ？	：手の空いた従業員が自発的に行うことになっている
4回目のなぜ？	：従業員の配置やシフトが出来ていない
5回目のなぜ？	：LSPの考え方が浸透していない

　こうした活動を、売り場、本部、物流センターなどあらゆる部門で行うことで、効率的なオペレーションに近付けていきます。

ケースで見る流通その16を掘り下げると…

　人口の減少基調が鮮明になり、都心回帰現象も顕著となるなか、こうした事情をきちんと考慮しつつ、店舗の営業時間を考えなければなりません。

　深夜営業が成立するのは、その時間帯の利用客が十分見込める場合に限ります。お客様が殆ど来ないのにお店を開いていると、運営コストがかかり、利益を圧迫します。もちろんコンビニエンスストアのように、深夜帯も営業しているということが広く一般に浸透しており、仮にコストがかかったとしても、営業した方が良い場合もあるでしょう。

　深夜帯の来店客が見込めるのは、人口の多い都心部に限られます。なかでも繁華街で朝まで飲んでいる人が多い場所では、ビジネスチャンスは大きいでしょう。また独身世帯の方が多く住む住宅地などでも、深夜帯の利用客が期待できます。一方、地方では、深夜に広域からお客様を集めるのはハードルが高くなります。

　深夜帯に必要とされる商品は、緊急性を要するものや、なくてはならないものでしょうから、コンビニエンスストアや小型のスーパーマーケットといった店舗形態が合致しているのかもしれません。いずれにせよ、どのようなエリアにどのような店舗を出し、どのような品揃えをするか、など、念には念を入れて考えたいところです。

　消費者のライフスタイルは、最近、若者を中心に夜型から朝型へ変わってきたとする説があります。不確実性の高い時代、朝、資格勉強などしたり、仕事したりする人が増えてきているということですが、こうした変化が確かであれば、外食産業や小売業では、営業時間を朝重視の形にするなど、オペレーションを早急に再検討しなければなりません。

　24時間営業をしていると、商品を売り場に搬入したり、バックルームから品出ししたりするのは、お客様が来店している時間中になります。短い時間であれ、お客様の脇で様々な業務を行うわけです。清掃、品出しをはじめとする裏方業務をどのようにスムーズかつ上品に行うか、十分考えておくべきでしょう。

17

卸売業・物流業の見方

[本章の内容]

本章では、卸売業及び物流業について考察します。
先ずはその位置付けを確認し、卸売業や物流業は、
流通経路の中でどのような役割を果たしているか？
卸売業と物流業の仕事を見た時、重なるところと根本的に違うところはどこか？
などについて整理することにしましょう。
次に卸売業や物流業の事業形態について考察します。
そして最後に、
卸売業の存在理由を説明する理論である取引総数単純化の原理や
集中貯蔵の原理を考察することにしましょう。

1 ケースで見る流通 その17

★ 小売業の棚は誰が作る？ ★

　卸売業のホームページや会社案内を開いて見てください。卸売業が力を入れている領域として、①マーチャンダイジング（≒品揃え）、②リテールサポート（≒小売業支援）、③ロジスティクス（≒物流）、の3領域を掲げているところが多いと思います。なかでもリテールサポートに関しては、それを売りにしているところが多く、具体的な記述をしています。

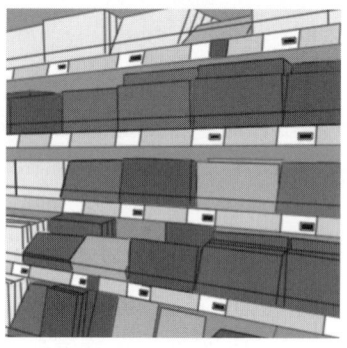

　リテールサポートを行う企業は、欧米諸国では3PMD（サードパーティ・マーチャンダイジング）と呼ばれます。3PL（サードパーティ・ロジスティクス）に似た概念ですが、売り手企業でも買い手企業でもなく第三者でありながら、マーチャンダイジングに関する仕事をするという事業者です。ここでいうマーチャンダイジングは、日本の卸売業が主要業務の1つとして掲げているマーチャンダイジングではなく、リテールサポートに近い意味です。

　日本でも、欧米諸国同様、3PMDを設立するブームがありました。日用雑貨品の卸売業が子会社として設立するなど、大きな注目を集めました。しかし、それがその後順調に推移しているという話も、同業他社がそれに続くという話も殆ど聞かれません。わが国では、リテールサポートは商流に関係するメーカーや卸売業が行うケースが一般的です。そして「リテールサポートは大切だけれど大きな負担になっている」という声をよく耳にします。

　一方、リテールサポートを行う環境は、整備されてきました。データに基づく提案は必須ですが、従来あったPOSデータに加え、最近ではコーザルデータ（プロモーションなど特売に関するデータ）、顧客データ、在庫データなども、

大手小売業を中心に開示されるようになりました。メーカーや卸売業は、システム維持費などを負担するケースが大半ですが、比較的自由に自社商品に関するデータにアクセス出来るようになりました。

　なお欧米諸国では、リテールサポートの内容をメニューにし、希望する項目に応じて課金するメニュープライシングなどがしばしば見られます。

　さてこうした事情から、以下の点を考えてみることにしましょう。

◆そもそも小売業の売り場は誰が作るべきなのか？
◆日本で3PMDが根付かないのはなぜか？
◆米国のようなメニュープライシングを行うにはどうしたら良いか？
◆リテールサポートに関する費用負担は、どうなっているのか？
◆メーカーや卸売業は、リテールサポートをどう行っていくべきか？

2 流通チャネルにおける卸売業・物流業の位置付け

① 一次卸・二次卸

　卸売業は、メーカーと小売業の間に位置し、メーカーが生産した商品を仕入れ、それを小売業に販売する事業者です。流通経路に関しては第2章で考察しました。

　第5章で取引制度を見ましたが、小売業の規模が小さく分散的であった時代に、メーカーは特約店を設け、自社の流通チャネル（チャネル戦略）を形成しました。キリンビールの特約店は、キリンビールから直接商品を仕入れる権利を持っています。しかしそれ以外の卸売業は、この特約店を介して商品を仕入れなければなりません。こうした卸売業のことを二次卸といいます。またエリアが違う場合などは、その二次卸から商品を仕入れる三次卸などもあります。

② 日本の卸売業の特徴

　日本の卸売業は、メーカーが策定した取引制度の影響を受けたものになっています。1）業種卸、2）リージョナル卸、として成長してきました。

　1970年代以降、小売業が急成長しました。1）フルライン化、2）全国展開、をキーワードに、大量の商品を品揃えする全国規模の小売業が多数誕生しました。卸売業としてもこうした小売業のニーズに応える必要があり、A）フルライン卸、B）ナショナル卸、に業態転換することが急務になりました。

　フルライン卸やナショナル卸になる一番の近道は、同業種・異業種を問わず卸売業と資本・業務提携を行うことです。卸売業界で、M&Aや経営統合が現在に至るまで数多く行われてきたのはこうした背景に拠ります。

③ 卸売業と物流業の違い

　卸売業と物流業の仕事の重なりや違いを図にすると、図表17-1になります。
　卸売業と物流業の仕事の大きな違いは、卸売業は商流に絡んだ業務があるということです。つまり所有権の移転に絡めるということです。
　商流に絡むことを「帳合を持っている」というような表現をします。帳合を持っていることは大きな強みです。商品の売買をする付随行為として、リテールサポート業務や物流業務を引き受けることが出来ます。
　一方、物流業でないと出来ない仕事は、物流に特化し、専門性が要求される仕事です。また卸売業はメーカーと小売業の間に位置しますが、物流業はこうした制約がないので、メーカーの調達に絡む仕事や、メーカーが消費者に直接商品を送付する場合など、力を発揮することが出来ます。卸売業が物流業務を行う場合も、自社に十分なトラックや倉庫などがない場合、実は物流業に委託する（下請け業者として物流業を使う）場合が少なくありません。
　卸売業でも物流業でも出来る仕事は、図表17-1のBにあたるところですが、近年この重なりは大きくなりつつあり、卸売業と物流業が競合するケースが増えてきています。なかでも小売業の専用センターの運営は、従来は商流を持つ卸売業が強いとされてきましたが、低いコストで、高いサービスレベルを実現するノウハウのある物流業がコンペで勝つケースが多くなっています。日立物流、センコーなどは、高く評価されています。

図表17-1　卸売業と物流業の仕事の重なり

A　卸売業の仕事
B　両方ができる仕事
C　物流業の仕事

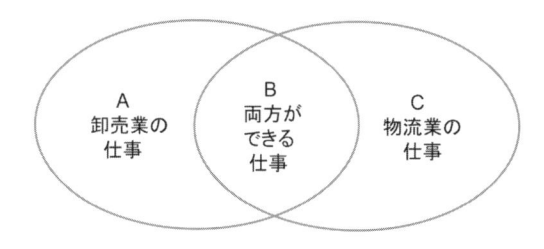

3 卸売業の事業形態・機能

① 商業統計に見る卸売業の定義

商業統計では、卸売業の種類を、図表17-2のように定めています。

図表17-2　商業統計に見る卸売業の定義

> 1）小売業、飲食店または他の卸売業に商品を販売するもの。
> 2）産業用使用者（工場、鉱山、建設、官公庁、学校、病院、ホテル等）に業務用として商品を販売するもの。
> 3）メーカーが別の場所に経営している事業所で、自社製品を卸売するもの。
> 　（例えば、家電メーカーの支店、営業所が自社製品を問屋等に販売している場合、その支店、営業所は卸売事業所になる）。
> 4）商品を卸売し、かつ同種商品の修理を行うもの。修理収入の方が多くても同種商品を販売している場合は修理業とせず、卸売業とする。
> 5）他人または他人の事業所のために商品の売買の代理行為を行うもの、または仲立人として商品の売買の斡旋をするもの。

1）は一般的な卸売業、2）は業務用卸、3）はメーカー販社、4）は修理業、5）は代理商、仲立商を意味します。5）は所有権移転や物的所有を伴わない形で、他の事業者の為に商品売買の代理または仲立ちをする事業者のことです。

② 卸売業の機能

卸売業は流通経路の中で、どのような役割を担っているのでしょうか。代表的なものに下記のものがあります（図表17-3）。

図表17-3　卸売業の機能

> 1）マーチャンダイジング機能　　4）情報伝達機能
> 2）リテールサポート機能　　　　5）金融機能・リスク分散機能
> 3）物流機能

マーチャンダイジング機能とは、多数のメーカーが生産する製品を仕入れ、

取揃える機能です。大手メーカーの製品は、同業他社の卸売業や小売業も目にする機会が多いでしょうが、地方の小さなメーカーが作る隠れた逸品を見つけ製品として育てるのは、卸売業の力量に拠ることでしょう。

リテールサポート機能は、小売業が販売活動を円滑に行えるよう、プロモーション企画の作成、棚割表の作成、チラシの作成など、様々な業務のサポートをすることです。これは本来、小売業が行う業務ですが、今日では卸売業の主要な業務の１つになっています（メーカーも行っています）。

物流機能は、メーカーから商品を仕入れ、小売業に販売するまでの間において、輸送、保管、流通加工、荷役などの業務を行うことです。近年小売業の専用センターの運営を受託することは、大手卸売業にとって是非とも獲得したい業務の１つになっています。

情報伝達機能は、メーカーと小売業の間にいるという利点を活かし、商品情報、仕入先情報や納品先情報、市場情報、同業他社や競合店情報などを収集し、それをメーカーや小売業に伝えるというものです。

金融機能やリスク分散機能は、メーカーおよび小売業との商品売買に伴い発生するものです。例えばメーカーは、生産した製品が小売業の手に渡る前に卸売業から資金を回収することが出来ます。一方小売業は、支払い代金を買掛金の形ですぐに支払わずに猶予してもらうことで、キャッシュフロー増加のメリットを受けます。

③ 完全機能卸売業と限定機能卸売業

②で見た卸売業の機能全般を提供する卸売業を完全機能卸、そのうちの一部の機能に特化して提供する卸売業を限定機能卸といいます。前者は大手卸売業、後者は中小卸売業がよく採る戦略です。

限定機能卸には、キャッシュ・アンド・キャリー卸売業（現金持帰り卸売業：現金での販売を基本とし、物流機能を提供しない）、ラックジョバー（米国に見られる業態で、得意先の小売店から特定の商品の棚の管理を任され、巡回販売を行う卸売業）、フードブローカーなどがあります。

4 物流業の事業形態

① 物流とロジスティクスの違い

アメリカロジスティクス管理協議会（CLM）による定義を見ると、ロジスティクスは、「サプライチェーン・マネジメントの一部であり、顧客の要求に適合すべく、商品、サービスおよびそれに関連する情報の、発生地点から消費地点に至るまでの効率的、効果的なフローとストックを計画、実施、統制すること」とあります。一方物流は、「製造業における生産ラインの終わりから消費者に至るまでの完成品の効率的な移動、あるいは原材料の供給地から生産ラインの始まりまでの移動に関する広範な諸々の活動」です。ロジスティクスは物流に比べて広い概念であることが分かります。

② 物流の仕事

物流の具体的な仕事としては、1）輸配送、2）保管、3）受発注、4）流通加工、5）包装、6）荷役があります。

1）の輸配送は、商品を輸送あるいは配送することです。集荷（引取り）も含まれます。2）の保管は、商品を保管し貯蔵すること、さらに場合によって商品の個数を管理する在庫管理も行います。3）の受発注は、商品の受注及び発注に関するものです。4）は、シールを貼ったり、加工を行ったりする仕事です。物流センターやプロセスセンターの中などで行われます。5）の包装には、工業包装と商業包装があります。6）は積込みや荷下ろしなど、輸送や保管に関する付随業務です。

③ キャリアとフォワーダー

トラック、鉄道、船舶、航空機を持ち、実際に輸送サービスを提供する事業者をキャリアといいます。これに対し、荷主をキャリアと結びつけ、ドアトゥ

ドア輸送を行う事業者をフォワーダーといいます。フォワーダーには、運送取次業、利用運送事業、航空代理店業、海運代理店業、海運仲立業、港湾運送業などがあります。

④ サードパーティ・ロジスティクス（3PL）

　3PLには様々な定義があります。

　売り手企業あるいは買い手企業をファーストパーティ及びセカンドパーティと呼び、サードパーティは売り手でも買い手でもない企業とする説があります。売り手でも買い手でもなく、ロジスティクスを担うのが3PLですから、要は、3PLは物流会社全般を指すというのが最初の説です。

　次に、売り手企業および買い手企業をファーストパーティ、トラックや倉庫を持つキャリアをセカンドパーティ、そしてノンアセット（資産を持たない）で、荷主とキャリアを結びつける役割を担う企業をサードパーティ、とする説もあります。前述したフォワーダーと同じような概念です。

　今、一般的に使われているのは、荷主企業の物流業務を「一括して」受託する業者、というものです。自社が輸送手段を持っているか否かはあまり問われません。最近の物流業は、輸送手段や倉庫などを持っていますが、それを使って、荷主の物流業務全般を一括して引き受けることをうたっています。

⑤ 物流子会社

　物流子会社は、もともと一般企業が自社物流として行っていたものを独立させたものです。多くの物流子会社は、一般企業の子会社として親会社の物流業務を行いつつ、外販比率をあげることを経営課題に掲げています。

　キューソー、味の素物流など、物流子会社からスタートし、好調に推移している企業が少なくありません。またニチレイのように一般企業でありながら、物流に非常に強く、物流業務を外部に提供している会社もあります。

5 取引総数単純化の原理・集中貯蔵の原理

① 取引総数単純化の原理とは何か

　流通チャネルにおける卸売業の存在根拠を示す原理の1つが、取引総数単純化の原理です。小売業の品揃えを実現するために、どれくらいの取引が必要か、あくまでも数の面に絞って進めた議論です。

図表17-4　取引総数単純化の原理

（メーカーと小売業が直接取引をする場合（卸売業が存在しない））

メーカー M_1 M_2 M_3 M_4 M_5 …… M_m

取引総数＝m×n

小売業 R_1 R_2 R_3 R_4 R_5 …… R_n

（メーカーと小売業の間に卸売業が介在する場合）

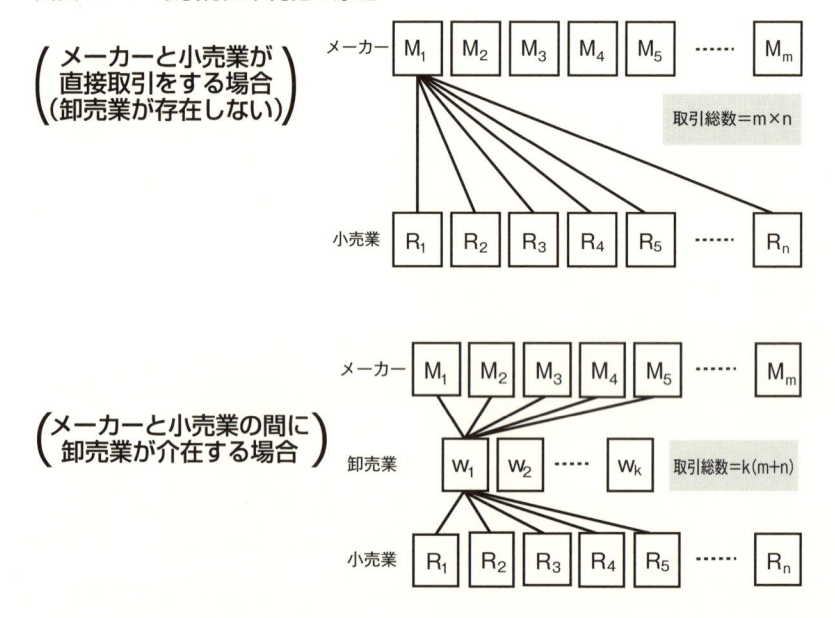

メーカー M_1 M_2 M_3 M_4 M_5 …… M_m

卸売業 w_1 w_2 …… w_k

取引総数＝k(m+n)

小売業 R_1 R_2 R_3 R_4 R_5 …… R_n

　図表17-4の上図は、メーカーと小売業が直接取引をする（卸売業が存在しない）ケースです。取引総数は、メーカーの数と小売業の数を掛け合わせた数になります。一方、下図は、メーカーと小売業の間に卸売業が介在する場合です。取引総数は、卸売業の数×（メーカーの数＋小売業の数）になります。メー

カーと小売業の間に卸売業を介在させることによって、取引総数がどうなるかを見た時、卸売業が入っていた方が取引総数が少なければ卸売業がいた方が望ましく、逆に多ければ、卸売業がいなくても良いということになります。メーカーが10社、小売業が15社いる場合を考えてみると、直接取引だと150取引になりますが、卸売業1社だと25取引、2社だと50取引、3社だと75取引になり、最大で6社まで、卸売業の存在理由を説明することが出来ます。

　日本の場合、小規模のメーカー及び小売業が乱立している状態であるため、卸売業の活躍の場が確保されてきました。非常に古くから「卸中抜き論」「問屋不要論」が叫ばれていたにも関わらず、現在に至るまで卸売業が重要なポジションに存在し続けているのはこうした理由に拠ります。これに対し欧米諸国では、メーカーや小売業の規模が大きく、少ないプレイヤー同士の取引になるため、卸売業を介在させない直接取引の方が望ましくなります。

　なお今日では、インターネット等の情報技術の普及により取引相手を探すのが以前より難しくなくなってきたこと、前節で見た小売業専用センターが物流上の卸売業の役割を果たしていること、卸売業を介在させるかどうかは取引総数でなく他の要因（その卸売業にしかないノウハウがあるかなど）によって決まることが多い、といったように、卸売業の存在理由を取引総数単純化の原理のみで説明するのは難しくなってきました。

② 集中貯蔵の原理（不確実性プールの原理）

　卸売業の存在理由を表す理論に、集中貯蔵の原理というものもあります。不確実性プールの原理とも呼ばれます。

　これは、それぞれのメーカーが個別に在庫を保有するより、商業者（卸売業）が集中して在庫を持った方が、社会全体で見た場合の在庫量が少なくなるというものです。卸売業が介在することで、距離的・時間的変動に対応しやすくなり、輸送費用や在庫費用が削減出来るとしています。また小売業の側から見ると、小売業がすべての在庫を持ってしまうとリスクが高まりますが、これを一部卸売業者に任せることで、リスクを分散させることが出来ます。

ケースで見る流通その17を掘り下げると…

　本来小売業の売り場は、小売業自身が作るべきでしょう。小売業が自ら責任を持って作成した売り場でないと、どうしたら顧客満足度があがるか、どうしたら利益があがるか、真剣に考えなくなるからです。

　しかし実際問題として、小売業の売り場には、非常に多くの商品が品揃えされています。こうした商品の特性は、小売業よりメーカーあるいは卸売業の方が詳しい場合も多いことでしょう。このため、フロアレイアウトやプラノグラム（棚割り）の作成、エンド計画の立案など、小売業の本部が行うべき仕事はもちろん、商品補充や前出し陳列など店舗が行うべき業務に関しても、メーカーや卸売業の営業スタッフが行うケースがしばしば見られます。

　メーカーか卸売業がリテールサポートを行うとしたら、メーカーよりは卸売業にお願いしたいところです。メーカーはどうしても自社商品の視点に立ってしまいがちですが、卸売業であれば小売業と同じ視点すなわちカテゴリーの視点に立てるからです。

　第5章で、日本の取引制度について説明しました。わが国では、売り手企業と買い手企業の売買価格は、商品原価のみならず流通に関するあらゆるコストを含むものだということを考察しました。リテールサポートに関する仕事も、流通に関するコストに含まれます。つまり今までの取引とは別に、オプションとして費用を頂けるわけではなく、通常業務のコストで行っているというわけです。

　米国で3PMDビジネスが盛んな理由としては、何よりコストオン方式の取引制度になっているということです。このためメニュープライシングが可能になります。日本でメニュープライシングを根付かせるには、究極的にはメーカーが策定する取引制度を改訂する必要が出てきます。

　メーカーや卸売業がリテールサポートを行う際は、こうしたサポートは非常に大切であるけれども、これは今までの取引にプラスして、余分にコストがかかっている業務なのだということを認識しておく必要があるでしょう。

18

サプライチェーン・マネジメント

[本章の内容]
本章では、
サプライチェーン・マネジメント（以下、SCM）について考察します。
SCMとは何でしょうか？
SCMというと、海外にはQR、ECR、CPFRなど、多くの先進事例があります。
しかし日本では、あまり見かけません。
それは何故でしょうか？
そのあたりの事情や背景についても、見ていくことにしましょう。
また最後に、流通三層を結ぶ行政の取組についても触れることにしましょう。

1 ケースで見る流通 その18

★ 効率的なオペレーションの先進事例 ★

　売り場生産性が低迷し、効率的なオペレーションの実施が望まれる今日、先進的な企業は、様々な取組みに着手し始めました。商品の発注、物流センターから店頭までの配送、商品補充、陳列などいわゆる裏方の業務に関する領域です。物流システム、情報システムなど、ロジスティクスに関する領域が多く含まれています。この分野での効率化を図っていこうというわけです。

　製配販連携協議会の報告書（2011年5月19日発表資料、製配販連携協議会については後述）に掲載されている内容を中心に見てみることにしましょう。

★ イトーヨーカ堂のケース ★

　同社はこれまでも店頭作業の効率化に取組んできました。2003年4月には、豊田自動織機と共同で、カイゼンによる食品売り場の作業改善を行っています。

　2005年以降は、納品条件の見直しを行いました。その内容は、1）納品分類数の2割削減、2）納品ルートの見直し、3）特売商品の投入方法の見直し、4）発注締め時間の1時間前倒し、5）毎日発注を週6日発注へ変更、6）緊急発注削減、7）情報システム費用見直し、8）センター運営人員の削減、といったものです。

　例えば4）の「発注締め時間の1時間前倒し」は、店舗での発注締め時間をそれまでの午後0時半から午前11時半に繰り上げました。これによって、店舗では今までより1時間早く発注業務を終わらせなければならなくなりましたが、注文を受けた専用センターでの業務は余裕を持って行うことが出来、結果

としてコスト削減に繋がったようです。

　また5）は、毎日発注から週6日発注にすることで、発注側(店)と受注側（専用センター）双方におけるコスト削減が実現したとのことです。発注業務は非常にコストがかかるところです。配送回数、荷受け・検品の回数なども合わせて少なくすることが出来、大きな効果があったとされています。

★ イオンのケース ★

　同社は、より効率的な商品配送を実現するために、1）輸送効率化、2）納品時間削減、の2領域における取組みを強化する方針を発表しました。1）は、車両積載率の向上、車両稼働率の向上、の2つに分け、前者は発注ロットサイズの拡大、トラックを仕入先まで差向け集荷に行く「ミルクラン輸送」の実施、共同倉庫の利用、店から帰ってくるトラック（帰り便）の有効活用、などを検討する必要があるとしました。また後者については、荷受時間枠の拡大や車の24時間活用などをあげました。

　さてこうした事情から、以下の点を考えてみることにしましょう。

◆店頭作業の効率化はなぜ必要なのか？
◆店頭作業の効率化は、どのような業務で行うことが可能か？
◆店頭作業の効率化は、誰が行うべきか？
◆店頭作業の効率化が進まないのはなぜか？
◆店頭作業の効率化のために、取引制度面で整備しておくことはあるか？

2 サプライチェーン・マネジメントとは何か

① ブルウィップ効果

　ブルウィップ効果（Bullwhip Effect、Whiplash Effect）は、鞭効果と訳されるもので、J.W.フォレスター（当時マサチューセッツ工科大学教授）の考えが元になっていることから、フォレスター効果（Forrester Effect）とも呼ばれます。川下から川上に向けて、需要の変動が拡大していく様子を表したものです。

　小売業がいつもより少し発注量を増やすと、卸売業はさらに増やし、メーカーはさらに増やし…というように、実際とは異なった予測値が次々に作成されるようになります。ここから流通三層（小売業、卸売業、メーカー）による情報共有の重要性、重要予測の大切さなどが説かれるようになりました。

② サプライチェーン・マネジメント

　サプライチェーン・マネジメント（SupplyChain Management：以下、SCM）は、サプライチェーンを管理すること、日本語に訳すと供給連鎖管理です。これまで、モノを生産してから消費者に購買されるまで、メーカー、卸売業、小売業といった事業者が、個別に活動を行ってきました。SCMでは、生産してから販売するまでを1本の鎖のように考え、その鎖の立場から、様々な活動を行っていきましょうというものです。供給側ではなく、需要側の視点で考えるべきだとし、SCMではなくDCM（DemandChain Management）と呼ぶとする考え方もありますが、要は同じことです。

③ 日本でSCMがうまくいかない理由

　欧米諸国では、SCMの成功事例が多々報告されています。次節で見る、

ECR、CPFRなどです。これに対し、日本では成功事例は殆ど紹介されていません。それは何故でしょうか。その理由を下記の3つの視点から考察してみることにしましょう。

1) 卸売業の存在

欧米諸国と異なり、わが国は卸売業が、流通経路において重要な役割を果たしています。欧米諸国では卸売業そのものがないケースも少なくありません。

つまり欧米におけるSCMは、メーカー―小売業といった2者間モデルです。これに対し日本では、メーカー―卸売業―小売業というように、鎖の長さが長くなっています。これがサプライチェーンを形成しにくい構造になっており、成功事例がほとんどないはじめの理由です。

2) 取引依存度の低さ

SCMの成功事例とされるウォルマート（小売業）とプロクター・アンド・ギャンブル（メーカー）の取組みを見ると、お互いにとってお互いが重要な存在であったことが分かります。自社の売上の相当程度を占める相手すなわち取引依存度の高い相手であれば、そこに資源を投入することが出来ます。

しかしわずか2～3%位の売上高の相手であれば、実験段階としての位置付けならまだしも、実際に実施するのは割が合いません。日本ではメーカーも小売業も売上高が小規模であることが多く、SCMの鎖が細くなってしまうというのが2つ目の理由です。

3) 取引制度

日本特有の取引制度下では、取組みの成果がシェアしにくいというのが3つ目の理由です。第5章第3節で見たように、流通に関するあらゆるコストは取引価格に内包されています。効率的な取組みが実現したら、それは小売業によるメーカーへの、納品価格の引下げ要求に繋がりかねません。欧米企業のように、コストオン方式の取引制度ですと、メニュープライシングの形になっていますから、必要なものと不要なものの選別がはっきりするうえ、商品原価部分には影響を与えないといった利点があります。

3 SCMの代表的な取組み

①ECR (Efficient Consumer Response)

　サプライチェーン・マネジメント（SCM）の代表的な取組みとして、ECRとCPFRを見てみることにしましょう。

　先ずECRですが、これは効率的な消費者対応、と訳される取組みです。米国では1990年代に入り、加工食品業界及び日用雑貨品業界で、低価格を武器に急成長してきた大手ディスカウントストアに対する危機感が強まってきました。こうしたなか、FMI（米国食品マーケティング協会）やGMA（食品雑貨工業会）がコンサルティング会社であるカートサーモン・アソシエーツ社に調査を依頼し、1993年に作成したものがECRレポートです。その成果は図表18-1に示す通りです。

　1）～4）の取組みをすることで、小売価格を10.8%下げる効果があるとしています。

　この取組みをアパレル業界で行ったものが、QR(クイックレスポンス）です。

図表18-1　ＥＣＲによる削減効果（ドライ食品、対平均小売価格）

戦略	コスト削減	財務的削減	削減効果合計	主な効果
1）効率的な品揃え	1.3%	0.2%	1.5%	・店舗での売上高・利益の増大 ・在庫回転率の向上
2）効率的な在庫補充	2.8%	1.3%	4.1%	・小売業者・卸売業者の自動発注 ・メーカー・物流業者の在庫削減 ・見切商品や商品損傷の削減 ・効率的なロジスティクス
3）効率的な販促	3.5%	0.8%	4.3%	・製造・配送・管理の効率向上 ・サプライチェーンの在庫削減
4）効率的な商品開発	0.9%	-	0.9%	・商品価値の向上 ・導入失敗商品の減少
合計	8.5%	2.3%	10.8%	-

（資料）kurt Salmon Associate, "Efficient Consumer Response: Enhancing Consumer Value in the Grocery Industry," The Joint Project on Consumer Response, Washington D.C., 1993.

②CPFR（Collaborative Panning, Forecasting and Replenishment）

CPFRは「販売計画、重要予測、商品補充における協働」、と訳される取組みです。その基本原則は図表18-2の3つに整理出来ます。

図表18-2　CPFRの原則

原則1：消費者満足を最大化すべくサプライチェーン全体での成功を目指す
原則2：取引企業は単一の需要予測を共同で作成し、それをサプライチェーン全体にわたる計画の基礎にする
原則3：取引企業はともに予測結果に関心を持ち、お互いにリスクを負担しながら供給プロセスの制約を取り除く

ここでの柱は原則2です。売り手企業と買い手企業は、通常、それぞれ別々の予測値を作成します。小売業とメーカーの取引を考えると、小売業は販売予測を、メーカーは生産のための予測を行います。同じ商品を見ているにも関わらず、2つの予測値が作成されるわけです。間に卸売業が入れば、予測値は3つ作られることになります。

こうして複数の需要予測が作られることにより、前節で見たブルウィップ効果が発生します。そこでCPFRでは、売り手企業と買い手企業が協働して、1つの需要予測値を作成し、それを元に様々な活動を行っていきましょう、またその結果は皆で受入れましょうということになります。実際には、どちらか一方の企業が需要予測ソフトを用いて予測値を作成し、それを相手に提供する形が採られます。

1つの需要予測値を作成することで、ブルウィップ効果の解消が期待できるほか、売り手企業はかなり早い段階で受注しますので、効率的な生産計画や流通計画を立てることが出来るようになります。小売業も従業員の望ましい配置が可能になるほか、この取組みで得られた成果を納入価格引下げの原資にすれば売価も下がり、消費者満足も向上するという流れです。

現在、ウォルマートをはじめとする非常に多くの小売業がCPFRを実施しています。日本でも総合品揃えスーパーのイオンなどが実施しています。

4 小売業起点のSCM

　本章第2節で、日本ではSCMの成功事例があまりないことを考察しました。米国で始まったECRの取組みが全世界的な広がりを見せた時、わが国でもECRジャパンが結成されましたが、わずか数年でとん挫してしまいました。

　日本におけるSCMの形は、本来のSCMとは異なりますが、1）物流関連、2）マーケティング関連、の2つの方向があります。それぞれについて見ていくことにしましょう。

1）物流関連

　1990年代に、食品卸売業である菱食（現三菱食品）とスーパーマーケットの相鉄ローゼンが行った取組みが日本版SCMとして注目を集めたことがありました。これは卸売業が、小売業の一括物流システムを構築し、専用センターの運営を手掛けると同時に、そこから店舗までの物流及び店内の物流（インストア・ロジスティクス）に関しても関与したという事例です。

　またほぼ時を同じくして、滋賀県を本拠地とするスーパーマーケットの平和堂が、加工食品メーカーを対象に、VMI（ベンダー管理在庫）の取組みを行ったことがありました。平和堂の専用センター・多賀流通センターを舞台にしたものです。その仕組みはVMIの一手法であるCRP（連続的自動補充）で、各メーカーは在庫マネージャーを配置し、適正在庫の実現に努めました。

　またライオン、プロクター・アンド・ギャンブル・ジャパン、資生堂といった日用雑貨品メーカーや化粧品メーカーが設立したプラネット株式会社は、EDIの基幹プラットフォームの構築・提供・運用を行いました。プラネットの仕組みを使うことで、流通三層（メーカー、卸売業、小売業）が、標準化された形で、情報共有することが可能になったわけです。

　このように、卸売業、小売業、メーカーのいずれが主導権を握るにせよ、物流をキーにSCMを行うというのはよく見られるアプローチです。情報システ

ムの構築・運営や、物流システムの整備は、インフラにあたる部分ですから、利害関係が調整しやすい面も大きいでしょう。

2) マーケティング関連

　小売業の多くは、ID付きPOSデータ（顧客の識別が可能なPOSデータ）、コーザルデータ、在庫データなどを収集し、それを卸売業やメーカーに開示しています。データを取得した卸売業やメーカーは、データを分析し、プラノグラムやプロモーションを提案したり、クロスマーチャンダイジングなどを提言したりしています。

　もっとも有名な事例は、コープさっぽろの宝箱プロジェクトでしょう。同社は1999年4月から、POSデータを有料で提供するサービスを開始し、2003年にはオンラインでデータを入手できる仕組みを構築しました。

　根底にあるのは「オープンネットワークの構築」です。情報を開示することで、色々な人に、コープさっぽろの現状や今後の可能性について定量分析をしてもらい、様々な提案をしてもらおうというものです。さらに同社は、A社に情報を開示する場合、ライバル社であるB社、C社のデータも希望であれば提供するという画期的な内容になっています（2003年当初。その後同業他社による同様の政策が相次いだため、一部方針を変更）。

　コープさっぽろに限らず、今日では小売業の多くが、POSデータをはじめとする各種データを開示しています。情報システム料、メンテナンス料など、色々な名目でその代金を徴収しており、新たなリベートになるのではないか、とする声も聞きますが、現状ではリーズナブルな水準に設定されているケースが大半です。

　コープさっぽろではこうした取組みが奏功し、それまで低迷していた業績をV字回復させることが出来ました。

　以上、物流関連、マーケティング関連の両面から、日本におけるSCMの形について考察しました。物流関連は小売業専用センターを舞台に、マーケティング関連は売り場起点で行われることが一般的です。

5 SCMに関連する協議会など

サプライチェーン・マネジメントは本来、メーカー、卸売業、小売業といった事業者が自発的にチームを編成し、サプライチェーン全体の視点から最適化を講じていくものです。しかしその利害調整が大変であることから、旗振り役を行政機関等が行い、議論の場を提供することがあります。

わが国での取組みとしては、経済産業省が旗振り役となって、2011年5月に設立された製配販連携協議会があげられます。わが国を代表するグローサリー（食料品、日用品など）メーカー、卸売業、小売業が参加しています。

図表18-3　製配販連携協議会のメンバー

製：メーカー	アサヒビール株式会社 花王株式会社 キリンビール株式会社 株式会社資生堂 日清食品株式会社 P&G・ジャパン株式会社 ライオン株式会社	味の素株式会社 キユーピー株式会社 サントリー食品インターナショナル株式会社 日本コカ・コーラ株式会社 ユニリーバ・ジャパン・HD株式会社
配：卸売業	株式会社あらた 加藤産業株式会社 株式会社日本アクセス 三井食品株式会社	伊藤忠食品株式会社 国分株式会社 株式会社Paltac 三菱食品株式会社
販：小売業	株式会社アークス 株式会社イズミ 株式会社イトーヨーカ堂 株式会社コメリ 株式会社CFSコーポレーション 株式会社セブン・イレブン・ジャパン DCM HD株式会社 株式会社フジ 株式会社マツモトキヨシHD ミニストップ株式会社 ユニー株式会社	イオンリテール株式会社 イズミヤ株式会社 株式会社ココカラファイン 株式会社サークルKサンクス スギHD株式会社 株式会社ダイエー 株式会社ファミリーマート 株式会社平和堂 株式会社マルエツ 株式会社ヤオコー 株式会社ライフコーポレーション

（資料）http://www.dsri.jp/forum/、2011年7月時点

製配販連携協議会のテーマとしては、1）返品削減、2）配送頻度の削減、3）流通BMS（ビジネス・メッセージ・スタンダード）の普及、が掲げられています。それぞれワーキングチームを作り、製配販の連携のあり方などが議論されるほか、自社の取組み事例を報告し合い、情報共有を図っています。なかでも3）の流通BMSに関しては、参加企業のトップが推進を確約するなど、より実行力を伴う形で進められた結果、多くの企業が導入するに至りました。

★ TCGF(ザ・コンシューマー・グッズ・フォーラム) ★

TCGFは、The Consumer Goods Forum の略で、グローサリーメーカーや小売業で構成する世界最大の業界団体です。ウォルマート(米)、テスコ(仏)、ダノン（仏）など、世界約400社の企業が参加しています。

わが国でも2011年、29社が集まり、「日本TCGF」を立ち上げました。そこでは3つのワーキングチームが作られ、取組みが行われています（図表18-4参照）。

2013年には、TCGF（2013年3月時点の参加企業数は28社）が、東京都と災害時における、食料品などの供給に関する協定を結びました。代表窓口はイオンが務めています。

図表18-4　日本TCGFにおける取組み（2011年時点）

テーマ１：サステナビリティプロジェクト（リーダー：キリンホールディングス） 　　　　検討項目＝地球温暖化防止（CO_2排出量削減） 　　　　　　　　　　廃棄物削減 　　　　　　　　　　環境配慮型容器包装 テーマ２：震災対策共有化プロジェクト（リーダー：イオン） 　　　　検討項目＝震災時の知の体系化 　　　　　　　　　　震災時の救援物資を届ける仕組み作り 　　　　　　　　　　行政や第三者機関との連携 テーマ３：消費者コミュニケーションプロジェクト（リーダー：花王） 　　　　検討項目＝お客様に伝えるべき商品関連情報の整理 　　　　　　　　　　Webサイトを通じた情報提供の現状整理

（資料）イオン発表資料、2011年11月22日

ケースで見る流通その18を掘り下げると…

　第3章第1節で見たように、わが国は現在、人口減少社会真っ只中です。人口が減少するということは、すなわち需要の伸びがあまり期待できない、市場拡大は望めない社会だということです。それにも関わらず、小売業の多くは、既存店の売上高のマイナスを新規出店によって賄うというビジネスモデルを踏襲してきました。そしてその結果、小売業界全体で見た場合の売り場面積が大幅に増加しました。需要が伸びない中で売り場面積が急拡大したのですから、当然、売り場1㎡あたりの売上高すなわち売り場生産性は低下の一途を辿り、1990年代初頭に8万円台だったものが、現在では4万円台と半分の水準にまで落ち込みました（第3章（36ページ）参照）。

　こうした状況で何よりも重要なのは、ローコスト・オペレーションを徹底することです。売り場が稼がなくなったのですから、コストもかけてはいけないということです。裏方の業務における効率化を行っていきたいところですが、その領域としては、1）発注、2）メーカーや卸売業から小売業専用センターへの輸送、3）専用センター内部での業務、4）専用センターから店舗までの配送、5）荷受け・検品、6）品出し・商品補充、8）返品・廃棄、などがあげられます。色々な調査結果を見ると、1）発注、6）品出し・商品補充、の業務に多くの時間を割いており、効率化の余地が多分に残されていることに気付きます。自動発注を行う小売業が増えているのも、人手のかかる業務だからこそ、効率化を目指しているのでしょう。

　店内作業の効率化に関しては、物流業務にノウハウのある物流業等が手がけたいところですが、リテールサポート同様、こうした業務のコストが納品価格に含まれる現行の一般的な取引制度下だと、物流業はなかなか参入出来ません。実際には、卸売業が商品代金のついでに行う、納品価格から実現した利益の範囲内で行う、というのがやりやすいことでしょう。

19 これからの流通業

[本章の構成とねらい]
これからの流通業はどうなっていくのか、
いくつかのキーワードをもとに整理してみましょう。
先ず、日本スーパーマーケット協会が2011年に発表した
「2020年のスーパーマーケット業界の課題と展望　シナリオ2020」
を考察します。
次いで、7つのキーワードをもとに、
今後の流通業界のあり方、
そしてそれに向けて流通業が
どのような戦略を講じていくべきかなどについて
分析することにしましょう。

1 ケースで見る流通 その19

★ 薬のネット販売が解禁 ★

　薬のネット販売に関しては、これまで事業者と厚生労働省の間で熱い闘いが繰り広げられてきました。その流れを追ってみましょう。

　ことの発端は2009年6月の改正薬事法の施行です。厚生労働省は、増え続ける一方の医療費を削減する目的から、セルフメディケーション（自分自身の健康に責任を持ち、軽度の不調は自分で手当てすること）を推進しています。その1つの方策として、ドラッグストアなどで販売されている一般用医薬品を消費者が手に入れやすくするなど、一連の規制緩和を行いました（第2章第4節参照）。

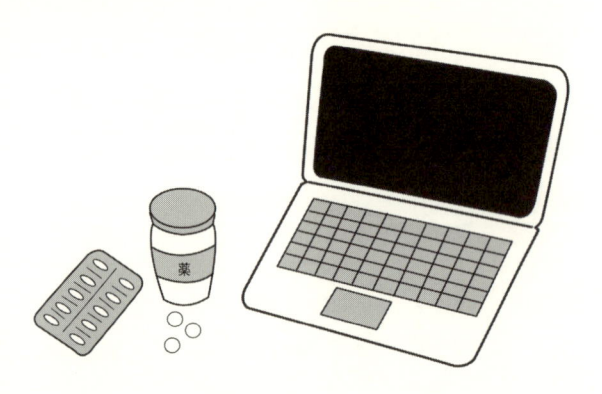

　しかしネットを含む通信販売に関しては「医薬品販売は十分な情報提供が出来る対面が原則」とし、逆に規制を強化しました。厚生労働省令で、総合感冒薬、鎮痛剤など一般用医薬品の約8割に当たる第一、二類医薬品の販売を、離島居住者と継続購入者向けを除いて禁じました。

　これに異を唱えたのがネット通販会社のケンコーコムとウェルネットです。国を提訴し、東京地方裁判所、東京高等裁判所及び最高裁判所の判決で勝利を収めました。

　すると今度は、2014年1月、厚生労働省は新たな改正薬事法を制定し、2014年6月からインターネット販売を規制する一般用医薬品を発表しまし

た。一般用医薬品の99％はネット販売を認めたものの、残り1％は、最長3年買えない医薬品（20品目）と無期限で禁止するもの（劇薬5品目）に指定しました。これら25品目に売れ筋商品が多数入っていることから、再びそれら品目の取扱いについて争いになったというのが現状です（2014年6月時点）。

　ケンコーコムは自社サイトと仮想商店街「楽天市場」で、第一類医薬品を含む医薬品や日用品など計20品目（2014年3月時点）を、24時間販売しています。2014年4月には都内に配送センターを新設したり、利用者が薬剤師にメールなどで相談できる夜間窓口を開設したり、対応を強化しています。

　さてこうした事情から、以下の点を考えてみることにしましょう。

◆第一類医薬品に対する規制のあり方は？
◆消費者からすると、第一類医薬品をネットで購入するメリットは？
◆新規参入をしやすくしたことで、競争が激化しないか？
◆薬のネット通販に対抗する、ドラッグストアの戦略は？
◆ケンコーコムの今後の戦略にはどのような可能性が
　あるか？

2 スーパーマーケット協会のアンケート調査

　今から10年後、20年後、30年後の流通業界はどうなっているでしょうか？日本スーパーマーケット協会が、会員であるスーパーマーケットに対して行ったアンケート調査の結果を見てみましょう（図表19-1）。

　以下、節を改め、このアンケート調査結果をもとにしつつ、いくつかのキーワードごとに詳しく見ていくことにしましょう。

図表19-1　2020年のスーパーマーケット業界の状況に関する予想シナリオとそれに対する肯定率

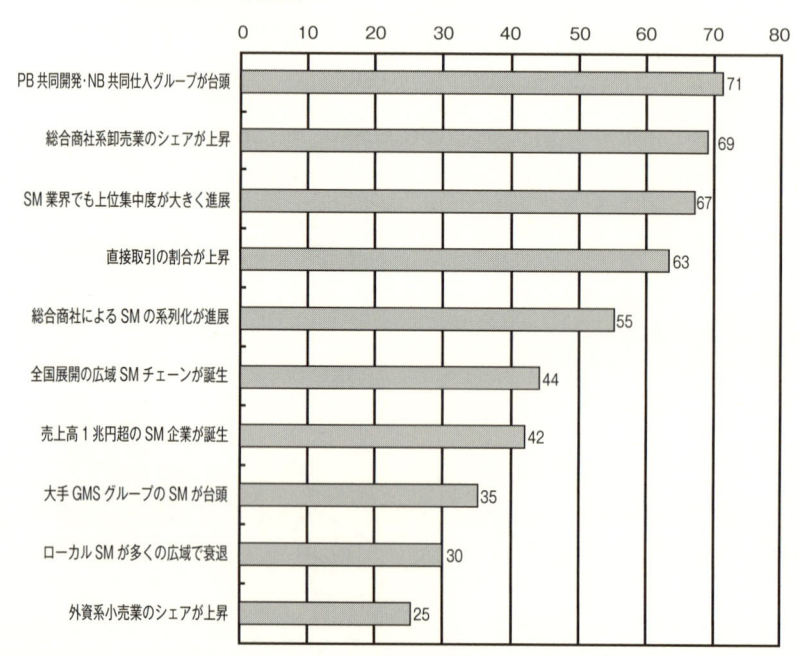

項目	肯定率(%)
PB共同開発・NB共同仕入グループが台頭	71
総合商社系卸売業のシェアが上昇	69
SM業界でも上位集中度が大きく進展	67
直接取引の割合が上昇	63
総合商社によるSMの系列化が進展	55
全国展開の広域SMチェーンが誕生	44
売上高1兆円超のSM企業が誕生	42
大手GMSグループのSMが台頭	35
ローカルSMが多くの広域で衰退	30
外資系小売業のシェアが上昇	25

（注1）スーパーマーケットに対してアンケート調査を行ったもの（N＝89）
（注2）「大いにそう思う」「そう思う」の回答割合を示したもの
（資料）「シナリオ2020」日本スーパーマーケット協会、2011年6月

これからの流通業

3 キーワード1 ——
グループ化・系列化の進展

　近年、小売業界や卸売業界では資本・業務提携を行う企業が相次いでいます。
　総合品揃えスーパーのイオンは2014年5月、スーパーマーケットのマルエツ、カスミ、総合商社の丸紅と協議し、2015年の春までに国内最大手のスーパーマーケットを新設することで合意した、と発表しました。マルエツとカスミを軸にした持ち株会社を設立するという計画です。イオングループには、マックスバリュ、ダイエーといった総合品揃えスーパー、ウェルシアグループ、CFSコーポレーションといったドラッグストア、ミニストップなどのコンビニエンスストアがありますが、これをますます強化する方針です。
　対するセブン&アイグループも、イトーヨーカ堂などの総合品揃えスーパー、ヨークベニマル、ヨークマートなどのスーパーマーケット、そごう・西武といった百貨店を抱えています。セブン&アイグループが首都圏において圧倒的な力を誇るなか、今回イオンがスーパーマーケットの再編を急いだのは、首都圏市場への深耕を本格化させるという、並々ならぬ決意表明といえそうです。
　今後の小売業界は、これら2大グループを中心に、総合商社なども関与する形で、グループ化、系列化が進んでいくと思われます。なかでも今後市場の縮小が必至な地方都市を拠点とするリージョナルチェーンを中心に、こうした動きが顕著になるでしょう。北海道におけるスーパーマーケット大手のアークスが、青森を拠点とするユニバース、岩手を拠点とするジョイス及びベルグループを子会社化させたような動きが、他のエリアにおいても相次ぎそうです。
　また中小の小売業においては、自社だけでは規模拡大に限界があることから、シジシージャパン、全日食チェーン、セルコチェーンといったボランタリーチェーンに加入することで、PB商品の取扱いを強化したり、物流システムや情報システムなどを共同化したりするような動きも出てくるでしょう。

4 キーワード2 ──
小売業とメーカーの直接取引の進展

　前節で見たように、今後小売業はますます巨大化することが予想されます。小売業の多くは、持ち株会社のような形式で、傘下に色々な業態の小売業を、広域エリアで抱えることになるでしょう。

　小売業の本部や持ち株会社は、従来卸売業が果たしてきた機能を代替するものです。メーカーとしても、小売業の規模が小さい時代は卸売業を通さない取引は認めないという政策を、取引制度の面から徹底させることが可能でした。しかし今日では小売業と仲違いして、その小売業とのビジネスを失うわけにはいきません。それだけ小売業の規模が大きくなったということです。メーカーにおいては、小売業との直接取引を可能にし、そのうえで卸売業を自社の販売政策・チャネル政策に位置付けていくための新しい取引制度の作成が待たれるところです。

　一方卸売業は、これから厳しい時代を迎えます。これまで「問屋中抜き論」「卸不要論」が声高に叫ばれることはありましたが、卸売業は流通システムの中で重要な役割を担ってきました。しかしそれも、小売業やメーカーの規模がさほど大きくなかった時代の話です。アメリカやヨーロッパのように、いずれ卸売業という業種そのものがなくなるほど、ドラスティックな変革が起こる可能性があります。

　これからの卸売業は、商流（所有権の移転）に絡まない形で、専門性の高い事業者として、流通機能を提供していく「フィービジネス」の可能性を検討しなければなりません。ある特定分野に関しては、他社に負けないというコアコンピタンスの確立です。従来のように、商流に絡み、メーカーからリベートなどを貰う形で、「マージンビジネス」を行っていく時代は終わりつつあります。

これからの流通業

5 キーワード3——グローバル化の進展

　第2節で見た、日本スーパーマーケット協会が行ったアンケート調査結果を見ると、小売業の多くは、2020年のスーパーマーケット業界では外資系小売業が台頭している、と回答しています。

　これまでの状況を見ると、カルフール（総合品揃えスーパー（フランスではハイパーマートともいいます））、テスコ（総合品揃えスーパー、英国）、ブーツ（ドラッグストア、英国）など、多くの大手外資系小売業が日本市場に参入しては、撤退を余儀なくされてきました。西友を子会社化したウォルマート(米)も、長い間苦戦が伝えられ、日本市場からの撤退の噂が後をたちませんでした。

　しかし、ウォルマートはEDLP(毎日低価格政策)を徹底させるなどした結果、業績が好転し始めました。またキャッシュ＆キャリー卸売業（現金持ち帰り卸売業）を営むメトロ（独）、ウェアハウス業態を展開するコストコ（米）も、事業を急拡大こそさせていないものの、日本市場に根付き、成長を続けています。その他業態を見ても、例えばアパレル専門店では、H&M（スウェーデン）、ZARA（スペイン）、GAP（米）、FOREVER21（米）など、数多くの外資系小売業が日本市場進出を果たしました。家具専門店のIKEA（スウェーデン）、そして何よりネット通販のアマゾン（米）も、好調な業績を残しています。物流事業者でも、好調な企業に、フェデックスコーポレーション（米）、プロロジス（米）などがあります。今後も多くの外資系小売業が日本市場に参入してくることでしょう。

　なお日本の流通業の海外進出は、コンビニエンスストアや総合品揃えスーパーが、中国やASEAN等に進出しています。日本市場が縮小していくことを考えると、今後ますます多くの日本企業が、海外に活路を求める時代になることでしょう。

6 キーワード4 ──
ネットの全面的な活用

　アマゾン、楽天、ヤフーなどが手がけるネット通販、西友、イトーヨーカ堂などが行うネットスーパーなど、無店舗チャネルが急成長を遂げています。ネット通販を利用する顧客に関しては、店舗では商品を見るだけにして、そこで気に入った商品を特定したら、お店ではなくネットで購入する人が増えている程です。今までは想像出来なかった顧客行動です。小売業としては、こうした消費者の購買行動の変化を踏まえ、ネットへの対応を戦略的に行わなければならない時代になりました。

　これに合わせてプロモーションも変化しています。電子クーポン、電子チラシなど、ネットを介したものが増えてきました。

　プロモーションだけではありません。マーケティング政策のあらゆる面で、ネットへの対応が不可欠です。現状のように、一部商品をネットで購入した方が安く買える状態を放置しておけば、店舗で購入する人は減り続けることでしょう。価格政策のあり方についても検討が必要です。また物流に関しても、ネット通販を行った場合、最寄りの店舗での引渡しにするのか、自宅に配送するのか、その商品はそもそも物流センターに置いておくのか、売り場やバックルームの商品を使うのか、などネットビジネスに対応するために、色々決めることがありそうです。さらにネットビジネスでの最低注文金額、配送費、リードタイムなど、顧客満足度とコストのバランスを取りつつ、サービスレベルも決めなければなりません。

　ネットを自社のビジネスモデルにどう位置付け、それをどう強みにしていくか、それが今後の小売業の優勝劣敗を決める時代になりそうです。

7 キーワード5 —— 効率性の追求

　小売業の売り場生産性が低下するなか、小売業に求められるのは、今まで以上に効率的な運営をすることです。そのために流通業が今後も重要な戦略として掲げると思われるものを、4つの視点から考えてみましょう。

① 小型店の出店

　投資金額を抑え、回収までの時間を短縮するために、小売業各社は小型店での出店を強化するでしょう（主として都心部の場合）。品揃えは売れ筋商品に絞り、グループ各社で共通のPB商品がある場合は、これを中心に扱います。

② EDLP政策

　価格政策としては、今後、これからは少しずつEDLP政策を実施するところが増えてくると思われます。EDLPを実現するために、EDLC（毎日低コスト）を目指した動きが活発化することでしょう。

③ 自動発注等

　小売業の売り場における従業員の作業コストを見ると、発注にかかるコスト、品出しにかかるコスト、などの比率が高くなっています。少しでもコストを下げようと、近年自動発注を導入する小売業が増えていますが、今後もこの傾向は続くでしょう。前述したEDLP政策と同時に行うと、特売がない分、需要予測が容易になり、自動発注の精度があがるというメリットがあります。

④ 物流条件の引下げ

　より効率的な物流を目指す動きが顕著になるでしょう。輸配送頻度の引下げ、ロットサイズの引上げ、時間指定納品の条件緩和、リードタイムの延長、などを行うことで、少しでも物流コストを下げようとするものです。

8 キーワード6 ──ビッグデータの活用

　メーカーや卸売業に比べた場合の小売業の何よりの強みは、消費者の近くでビジネスを行っているということです。最終的に小売業で商品が売れなければ、メーカーや卸売業は利益を手にすることが出来ません。

　そして小売業が商品販売時に収集するデータが、POSデータをはじめとするビッグデータです。顧客が、顧客を識別出来るカードを提示しながら精算した場合は、顧客データも入手できます。これに小売業が整備するコーザルデータ（特売データ）、在庫データなどが加わります。

　今やデータを持つことは、決して難しくない時代になりました。小売業の多くは、こうしたデータをメーカーや卸売業に開示し始めました（データ管理費やデータ維持費などの名目で若干のコストを徴収するケースが多い）。これからの時代は、これらをどう分析し、どう活用するか、が問われることでしょう。メーカーや卸売業によるリテールサポートも、データを使用した定量分析が出来ないようでは話になりません。

　経済産業省は2014年3月、小売業がもつ商品の購買履歴や鉄道の乗車記録といった消費者の個人情報を安全に活用するため、認証制度を導入するとしました。情報の取得方法や外部提供の有無などを審査し、適正とされた企業に認証マークを与えるというものです。これにより、企業間で情報を共有する動きが活発化することが期待されています。同業他社、異業種他社とのデータの共同利用が進み、マーケティングへの活用の幅が広がるのはもちろん、それがより広範な業務提携や資本提携に進む契機になるかもしれません。ビッグデータの分析や活用に関する複数企業による勉強会や研修なども、頻繁に行われるようになることでしょう。

これからの流通業

9 キーワード7 ——
社会的な存在としての小売業

　小売業の店舗は、顧客が利用しやすいように、顧客がアクセスしやすい場所に建っています。その典型的な例はコンビニエンスストアで、今や都心や地方都市では、歩いて5分程度の幹線道路沿いなどの場所に、どの企業かは別として、1~2軒の店舗があることでしょう。

　ローソンを見ると、企業理念に「私たちは"みんなと暮らすマチ"を幸せにします」を掲げ、「マチの健康ステーション」を目指しています。一流通業としての枠組みを超え、一企業市民として地域に根付き、そして役に立とうとする心構えを感じます。

　現在でもコンビニエンスストアのレジでは、公共料金の支払いをしたり、ネット通販で購入した商品を受取ったり、スマートフォンや店内の情報端末で購入したチケットを受取ったり、宅配便を頼んだり…と様々なサービスを受けることが出来ます。ATMから金融サービスを受けられることも、従来の流通業のサービス枠を超えたものといえます。

　近年、都心、地方都市を問わず、独り暮らしの老人が増えつつあります。老人同士の家庭で、老老介護を行っているところもあります。店舗をベースにして、こうした方々の見回りはもちろん、宅配サービスなどを手掛けるなど、流通業には様々なビジネスの可能性が潜んでいることに気付くでしょう。

　今後もますます「公器としての流通業」の側面が強くなると思われます。病院や薬局に行けない場合、小売業の店舗から薬を宅配便でお届けしたり、生活習慣病の患者に対し彼らの身体の具合にあった昼食をカウンターで渡したり…と、流通業の店舗はまさに駆け込み寺のような存在になり、色々な要望が寄せられるところになることでしょう。

ケースで見る流通その19を掘り下げると…

　ケンコーコムをはじめとするインターネット通販会社と厚生労働省の、薬のネット販売を巡る闘いは、インターネット通販会社が一定の勝利を収める形で進んでいます。これだけネットが浸透している今日、それを規制し消費者の利便性を損なうことは出来ない、そしてネット販売は危険であるとする説の合理的な根拠が見つからなかった、などが背景にあったことでしょう。

　薬は単価が高く、利益率が高い商品です。2009年の改正薬事法の施行以降、スーパーマーケット、総合品揃えスーパーなど、多くの異業種の小売業が、登録販売者の獲得、維持、育成に努め、一般用医薬品の取扱いを強化してきました。これまでドラッグストアや薬局・薬店の独壇場だったところに、新規参入が相次いだわけで、熾烈な競争が繰り広げられるようになりました。

　ドラッグストアとしては、今後ネット通販事業者との闘いも余儀なくされることになります。ドラッグストアとしては、「店頭で薬剤師と相談しながら薬を選ぶ」、「副作用や安全性をきちんと理解したうえで、他の会社の商品との比較も行ったうえで購入する」などのように、消費者に対して店頭販売ならではの強みをアピールしていきたいところです。病気になってから薬を購入するのではなく、予防や美容のために、サプリメント等を組合せながら、消費者の健康をトータルでサポートするようなサービスも力を入れていくべきでしょう。

　また一般用医薬品における競争が激化したことを受け、ドラッグストアでは、医師の処方箋を必要とする処方箋医薬品の取扱いを強化するところが増えそうです。競争のレベルが低く、利幅の大きい処方箋医薬品は、まだまだ宝の山に他なりません。登録販売者が増加しつつあるなか、逆に薬剤師の価値があがり、彼らを核に据えた店舗作りなどが行われるかもしれません。

　その他、第一類の医薬品がネットで簡単に購入できるようになると、顧客の安全を守るためにも、「おくすり手帳」のようなものを、業界をあげてシステム化していくことも検討すべきでしょう。

　まさに現在は、様々なビジネスの可能性が多々ある状態といえるでしょう。

20

小売業界、卸売業界、物流業界で働く人たちのために…

[本章の構成とねらい]

本書の最後にあたり、今後、小売業界、卸売業界、物流業界で働きたいと思っている人、
今現在これらの業界で働いており、
今後も引き続き働きたいと思っている人、
などを対象に、その為にはどのような知識が必要か、
またどのような心構えをもっておけばよいか、などを整理します。

1 ケースで見る流通 その20

　小売業各社は、商品の専門家の育成に力を入れています。売り場に来たお客様から質問があった時、それに対応し、お客様のニーズに合った商品をご案内出来るようにするためです。ショッピングの邪魔にならないよう気を付けながら、さりげなく購買を促すのは、商品知識だけでなく、コミュニケーション能力をはじめとする様々な能力・才能が不可欠です。そうした能力も含め、人材教育や育成に励む小売業が増えつつあります。

　これまでも例えば家電量販店には、家電のプロがいました。しかし売り場にいるのは、小売業の従業員ではなく、メーカーからの派遣社員であるケースが大半でした。小売業が優越的地位を濫用する形で、メーカーに従業員の派遣を依頼すると、独占禁止法に抵触します。しかし基本的には、豊富な商品知識を持っているのは小売業よりメーカーであることが多いため、これまでメーカーが自発的に自社の従業員を小売業の売り場に派遣していました。

　メーカーの販売員が販売すると、当然ながら、お客様には自社の商品の購入を勧めがちになります。ライバル企業の商品がいかに優れているか、そちらを購入した方がお客様にとってどんなに望ましいか、を説明する人はあまりいないことでしょう。

　こうしたなか、小売業自ら、その道のプロを育成する企業が出現し始めました。ニトリは、改装時にシステムキッチンの提案が出来る社内資格取得者を大幅に増やす計画です。またコメリは、農業の専門知識を持ったアドバイザーを2014年度中に100人体制にし、いずれ250人にまで増やしたいとしています。

　このように、ニトリ、コメリといった専門店や、家電量販店、ホームセンター

小売業界、卸売業界、物流業界で働く人たちのために…

などでは、少しずつではありますが、その道のプロが育成されてきました。ドラッグストアに関しても、セルフメディケーションを推進する立場から、売り場にいる登録販売者や薬剤師が、病気になってからの対応策ではなく、病気を未然に防ぐためのアドバイスなどをしています。

　2013年夏、西日本鉄道子会社でスーパーマーケットを展開する西鉄ストアは接客専門の店員を店舗に配置しました。いわゆるコンシェルジュの配置です。調理法、アレルギー物質の有無、カロリーなど、来店客の様々な質問に答える役割を担っています。ホテルなどではよく目にするコンシェルジュがスーパーマーケットにも登場したわけで、大きな注目を集めました。

　さてこうした事情から、以下の点を考えてみることにしましょう。

◆コンシェルジュが活躍できそうな業態は？
◆コンシェルジュを置くべきでない業態は？
◆コンシェルジュの仕事の範囲は？
◆コンシェルジュを育成するには、どうしたら良いか？
◆1店舗にどれくらいのコンシェルジュを置くべきか？

2 業界研究・企業研究・実地調査

① 業界研究

　業界の規模、成長性（短期、中期、長期）、収益性などについて調べます。
　（株）きんざいが出版する『業種別貸出審査辞典』（大きな図書館等にあります）、『会社四季報　業界地図』、『日経業界地図』、その他就職活動用の業界本なども出来るだけ目を通してみましょう。
　また最近業界に起きたトピックなどについても、新聞記事検索サービス（日経テレコムなど：有料）を使用して調べてみましょう。

② 企業研究

　第3章で説明した、PSET分析、ファイブフォース分析、3C分析、SWOT分析、第4章で見たマーケティングの4Pなどの枠組みを使って、企業を分析してみましょう。また各企業では最近どんなことが起きたか、先に示した日経テレコムのほか、各企業がホームページ上などに掲載しているプレスリリース資料なども確認したいところです。
　企業の財務情報は、それぞれの企業のホームページの業績のコーナー（「投資家の皆さんへ」のようなコーナー）にあります。またNikkei Needs Financial QUEST（有料）、EDINET（各企業の有価証券報告書をPDFで見ることが出来る）、ユーレット（財務データのサマリーが載っている）、ヤフーファイナンス（重要な箇所に絞って載っている）なども利用することが出来ます（第6章第4節参照）。

③ 実地調査

　小売業は消費者を相手にビジネスを行っていますから、皆さんはお客様としてその店舗に行くことが出来ます。百聞は一見にしかず、です。お店の品揃え、

プロモーション、価格政策、クレンリネス（整理整頓が出来ているか、きれいか）、従業員の接客態度など、先ずは自分の足で訪れ、確認してみてください。

さらにそのエリアにある競合店を探し、その店との比較分析を行ってみると良いでしょう。同じ商圏でビジネスを行っているのに、どのような戦略の違いがあるか分かります。

④ 業界紙・業界誌

下に示したものは、◎は是非とも読みたいもの、○は出来れば読みたいもの、その他は必要に応じて読みたいものですが、あくまでも筆者の個人的な判断です。（2014年7月末時点）。新聞・雑誌名と出版社を記しました。

【一般紙・一般雑誌】

◎日本経済新聞　（朝刊・夕刊、毎日）	：日本経済新聞
・日経産業新聞　（朝刊のみ、月～金）	：日本経済新聞
・日経ビジネス　（週刊）	：日本経済新聞
・週刊ダイヤモンド（週刊）	：ダイヤモンド
・週刊東洋経済　（週刊）	：東洋経済新報

【流通専門紙・専門誌】

◎日経MJ新聞（朝刊のみ、週3回）	：日本経済新聞
○チェーンストアエイジ（月刊誌）	：ダイヤモンド・フリードマン
・ダイヤモンド・ドラッグニュース（月刊）	：ダイヤモンド・フリードマン
・ダイヤモンド・ホームセンター　（月刊）	：ダイヤモンド・フリードマン
・激流　　　　　　（月刊）	：国際商業出版
・商業界　　　　　（月刊）	：商業界
・販売革新　　　　（月刊）	：商業界
・食品商業　　　　（月刊）	：商業界
・コンビニ　　　　（月刊）	：商業界
・ファッション販売（月刊）	：商業界
・FRANCHISE　AGE（隔月）	：日本フランチャイズチェーン協会
・SC Japan Today（隔月）	：日本ショッピングセンター協会
・専門店　　　　　（月刊）	：協同組合連合会日本専門店会連盟
・デパートニュース（週刊）	：ストアーズ社

【物流専門紙・専門誌】

◎LNEWS（http://lnews.jp/）	：ロジスティクス・パートナー
○カーゴニュース（週2回）	：カーゴニュース
○ロジビズ　　　（月刊誌）	：ライノスパブリケーションズ
・輸送経済新聞　（週刊）	：輸送経済新聞

3 基礎力を身に付ける

① 接客力・ビジネスマナー

　接客の基本は「笑顔」です。自然な笑顔が出来るようにしなければなりません。「目じりが下がり、口角が上がっている笑顔」を意識的に作るよう心掛けなければなりません。

　そして次にきちんとした言葉遣い（正しい敬語を使う）で、応対することです。尊敬語、謙譲語、丁寧語をきちんと使い分けなければなりません。

　基本的な挨拶も、大きな声で、心をこめて行わなければなりません。「いらっしゃいませ」「ありがとうございました」「はい、かしこまりました」「申し訳ございません」「少々お待ちください」などは、自然に口に出るようになりたいものです。挨拶と同時に行うお辞儀も、内容によって会釈、敬礼、最敬礼を使い分ける必要があります。

　服装や髪の乱れも気を付けなければなりません。何より清潔である必要があります。

　サービス接遇検定、ビジネス実務マナー検定、秘書検定といった資格勉強などをしながら、ビジネスマナーの基本を今一度学びなおすのも良いかもしれません。

② 計数管理

　小売業であれ、卸売業であれ、物流業であれ、他の業界であれ、ビジネスの基本はお金を儲けることにあります。計数管理の基礎は身に付けておきたいところです。

　第6章で見ましたが、決算書の構造と内容を理解することは基本中の基本です。損益計算書、貸借対照表、キャッシュフロー計算書を苦労なく見る力を付けておかなければなりません。

簡単な経営指標分析も不可欠です。損益構造、オペレーション構造、財務構造などの分析は簡単に行えるようにしておきたいところです。

日商簿記検定の資格勉強などをしながら、計数管理の基礎を勉強するのも良い手でしょう。

③ データ分析・パソコン操作

近年は、POSデータ、コーザルデータ（特売に関するデータ）、在庫データ、顧客データなど、色々な種類のデータが容易に入手出来るようになりました。それをどう分析し、上司や同僚、また取引先の方々が分かるように整理できるかが大切になりつつあります。そこで必要となるのは、1）データ分析能力、2）パソコン操作能力、の2つでしょう。

1）については簡単な統計学の知識は身に付けておくと良いでしょう。今後は、「定量的にモノが語れるかどうか」が問われる時代になります。簡単な統計処理は、エクセルをはじめとする様々なソフトが行ってくれますが、そこで出された結果の読み方、解釈の仕方は身に付けておかなければなりません。

2）はワード、エクセルが問題なく使いこなせるかどうかでしょう。特にエクセルは非常に便利です。MOS検定（マイクロソフト・オフィス・スペシャリスト検定）を活用し、効率的に学ぶのも良い方法です。

④ 語学力

外国語を自由に操れる人が売り場にいると、海外の人が来店した時頼もしいことでしょう。こうしたサービスの良さが口コミにより広がり、多くの外国人に来てもらえる店舗にしたいものです。

なお小売業本部では、輸入、調達（買付け、仕入れ）などの業務を行いますが、中国をはじめとする海外を相手にすることが多いことから、通訳がいなくてもある程度話せるようにしておくと良いでしょう。TOEIC、英検、中国語検定などを受験するのも有効な方策です。

4 総合力を身に付ける

　小売業や卸売業に就職する場合、その業界特有の知識を身に付けなければなりません。基本的には、OJT（On-the-Job Training：オン・ザ・ジョブ・トレーニング）により、実際に仕事をしながら様々な知識を身に付けます。さらにジョブローテーションにより複数の部門を経験するうちに、総合的な力が付きます。

　このように、実際に業務を遂行する中で、販売や経営の知識を十分身に付けることは可能ですが、より体系的、全体的な視点から学ぶためには、業務から一歩離れて、改めて勉強するのも良いでしょう。

　いくつかの資格を紹介します。

① 販売士検定試験

　日本商工会議所と全国商工会連合会が実施・運営しています。3級、2級、1級があり、基礎編、応用編、発展編という位置付けです。

　科目はいずれの級でも、「小売業の類型」、「マーチャンダイジング」、「ストアオペレーション」、「マーケティング」、「販売・経営管理」の5科目です。小売業や卸売業の仕事を体系的に学ぶことが出来ます。

　小売業の中には、部門長や店長などになる為の条件として、販売士検定試験の合格を掲げるところが出てきました。出来れば2級を狙ってみて下さい。

② スーパーマーケット検定（S検）

　スーパーマーケット協会が実施・運営しています。スーパーマーケット等の流通業に従事している人（社員、パートタイマー、アルバイト）の知識や技術の向上を目指したものです。ベーシック級、マネージャー級、バイヤー級があります。

　ベーシック級には2級と1級があり、2級は新入社員、パートタイマー、ア

ルバイトを対象にしたもの、1級は入社2～3年目程度の各部門の担当者を対象にしたものです。前者は「スーパーマーケットの基礎知識」の1科目、後者は、「業界一般知識」、「売場・商品知識」、「計数管理」の3科目が試験科目です。

マネージャー級は3級と2級があり、3級は売り場責任者の希望者、後者は店長の希望者（副店長・スーパーバイザー・バイヤー・トレーナーなど）が対象です。3級は「人の育成と活用」、「商品管理と販売の実務」、「計数管理（売り場の数字）」の3科目、2級は「人の育成とチームワーク」、「店舗管理とマーケティング」、「計数管理（店の数字）」の3科目が試験科目です。

バイヤー級は、バイヤーを対象にしたもので、「バイヤーの使命と求められる能力」、「マーチャンダイジング」、「計数管理（バイヤーの数字）」の3科目が試験科目です。

③ 中小企業診断士

中小企業診断士は、中小企業の経営課題に対応するための診断・助言を行う専門家です。国家資格であり、合格率が20％前後の非常に難しい試験です。

試験は、1次試験、2次試験の両方に合格する必要があります。1次試験の試験科目は、「経済学・経済政策」、「財務・会計」、「企業経営理論」、「運営管理（オペレーション・マネジメント）」、「経営法務」、「経営情報システム」、「中小企業経営・中小企業政策」の7科目です。この「運営管理（オペレーション・マネジメント）」の試験の中に、生産管理、生産技術、店舗運営、ロジスティクスが含まれ、流通業の知識をつむことが出来ます。

2次試験は筆記式の試験で、中小企業の診断や助言に関する実務の事例が出題されます。

流通業に特化した試験ではありませんが、社会的な信用のある資格であり、この資格があれば社内で評価されるほか、同業他社や異業種他社に転職する場合などにも役立つでしょう。しかしこの資格を取得するには、本格的な勉強が必要です。効率よく勉強するために専門学校に通う人もいます。

5 専門性を身に付ける

　前節の「総合力を身に付ける」は、流通業で働く上で是非とっておきたい、ゼネラリストとして必要な知識や資格でした。それらを基盤として築き上げた後は、自分にあった、そして世の中のニーズに合致した専門性を身に付けたいところです。流通業界で重宝される資格について見ていくことにしましょう。

① 登録販売者

　薬事法の改正に伴い、登録販売者の制度が設けられ、第二類、第三類の一般用医薬品の販売が可能になりました。これから多くの小売業が医薬品の品揃えの強化を図ると予想されるなか、同資格の取得は、小売業で働くにせよ、卸売業で働くにせよ、重要なものになりつつあります。

　登録販売者になるには、都道府県が実施する試験に合格する必要があります。例えば東京都では、「薬事に関する法規と制度」「医薬品に共通する特性と基本的な知識」「人体の働きと医薬品」「主な医薬品とその作用」「医薬品の適正使用と安全対策」の分野の試験で、ある一定以上の点数を取らなければなりません。なお受験の資格が厳密に定められているので、確認が必要です。

② 消費生活アドバイザー

　消費生活アドバイザーは、消費者と企業及び行政の架け橋として、消費者の声を企業経営や行政等への提言に反映させるとともに、消費者からの苦情相談等に迅速かつ適切なアドバイスをする人のことです。この資格を手にすれば、流通業の中で、消費者への対応や、行政機関との交渉などの専門家として活躍出来るでしょう。

　1次試験、2次試験に合格し、一定の要件（1年以上の実務経験または日本産業協会が実施する実務研修の修了）を満たすと、消費生活アドバイザーの称号が付与されます。

③ 物流の資格

物流の資格で是非にも取っておきたいのは、中央職業能力開発協会が実施するビジネス・キャリア検定試験です。「ロジスティクス管理」「ロジスティクス・オペレーション」の2種類あり、それぞれ3級、2級があります。

また、日本ロジスティクスシステム協会が実施する物流技術管理士は、名刺に印刷する人も多くいるほど、名前の通った資格です。同協会が設置する講義を21日間受講し、それに対するレポート等を提出し、評価され、合否が決まるという流れです。

またそれ以外にも同協会では、「ロジスティクス経営士」「国際物流管理士」「物流現場改善士」「グリーンロジスティクス管理士」などの講座も開設しています。

④ 商品のスペシャリストになる

あるカテゴリーの商品のスペシャリストになり、バイヤーなどの仕事に活かす、カテゴリーマネジメントを行う際に活用する、というのも良いでしょう。

日本ソムリエ協会は、「ソムリエ」「ワインアドバイザー」「ワインエキスパート」の3種類の資格を設置しています。その他、野菜ソムリエ、日本酒の利き酒師なども有効な資格でしょう。

⑤ 法律の知識を身に付ける

流通業で働くうえで、消費者に関する「消費者基本法」、「消費者契約法」、「個人情報保護法」、同業他社との競争に関する「独占禁止法」、「景品表示法」、「不正競争防止法」、特定の取引に対する「特定商取引法」、「割賦販売法」、ブランドに関する「商標法」、安全に関する「製造物責任法」、「食品安全基本法」、「薬事法」など、必要に応じて様々な法律の知識を身に付けなければなりません。

ケースで見る流通その20を掘り下げると・・・

　商品の品揃え数を見ると、コンビニエンスストアは約3,000品目、スーパーマーケットは1~2万品目、ホームセンターや家電量販店は数万品目、百貨店は10万品目以上、ショッピングセンター全体では数十万品目といったところでしょうか。業態によって、品揃えの幅に開きがあります。

　コンシェルジュが活躍できるのは、品目数が多く、商品の専門的な知識が問われる売り場です。ホームセンターや家電量販店のような専門店、百貨店などが該当します。どのメーカーのテレビが最も目に優しいか？観葉植物の世話をするうえで注意すべきことは？快気祝いに上司にギフトを送りたいが何を送れば良いか？など、様々な質問に的確に答え、アドバイスしてくれるスタッフがいてくれるのは大変心強いものです。

　逆にコンビニエンスストアやスーパーマーケットは、品目数が少なく、専門知識もあまり要求されないことから、どちらかというとコンシェルジュを配置するのは不向きです。

　西鉄ストアのケースで注目されるのは、コンシェルジュは商品の説明だけでなく、高齢者の荷物運びのお手伝いや、車椅子の準備など、顧客サービス全般を手がける係であるということです。売り場にいる助っ人的存在であり、何でも屋さんといえるでしょう。スーパーマーケットや総合品揃えスーパーなどでコンシェルジュをおく場合、その人の仕事の幅をどれくらい広げられるかが、汎用性を持たせられるかが、成功の鍵を握っています。

　それでは、商品に関する専門知識はどのように身に付けるべきでしょうか。従業員が独学で身に付けたり、社内に資格制度を設けたり、外部の研修等を受けさせたり、色々な方法があります。商品の仕入先である卸売業やメーカーの営業スタッフとも良好な人間関係を築いておくべきでしょう。新商品などについては、特に念入りに調べておく必要があります。

おわりに

　最後になりますが、本書が出版されるにあたり、実に多くの方々にお世話になりました。その全ての方々をここに記すことは出来ませんが、何より、本書執筆をご決断下さいました本学理事長の上野俊一先生、そしてお力添え下さいました学長の宮内ミナミ先生に心から御礼申し上げます。また日頃お世話になっております経営学部・学部長の岩井善弘先生、書籍出版にあたり色々とアドバイスを下さいました齊藤聡先生にも厚く御礼申し上げます。
　産業能率大学出版部の坂本清隆様には、本書の企画段階から実にお世話になりました。ただただ感謝の気持ちでいっぱいです。どうもありがとうございました。

　2014年8月末日

　　　　　　　　　　　　産業能率大学　経営学部　准教授　寺嶋 正尚

索　引

固　有　名　称　索　引

あ行

- アップルコンピュータ……………… 2、12
- アマゾン……………………………… 62、72
- アメリカン航空………………………… 152
- イートアンド…………………………… 182
- イオン………… 86、98、207、215、221
- イトーヨーカ堂……………… 86、191、206
- ウェルネット…………………………… 218
- ウォルマート………………… 110、120、209

か行

- ガーデン自由が丘………………………… 77
- カートサーモン・アソシエーツ………… 210
- カスミ…………………………………… 191
- クイーンズ伊勢丹………………………… 77
- クラーク…………………………………… 6
- ケンコーコム…………………… 218、228
- コープさっぽろ………………………… 213
- ココネット……………………………… 74
- コメリ…………………………… 146、230

さ行

- しまむら………………………… 15、24
- シュンペーター………………………… 12
- すかいらーく…………………………… 182
- 製・配・販連携協議会………… 60、215
- 西友……………………………… 110、120
- セブン＆アイグループ… 46、86、178、221
- セブン・イレブン……………… 98、108
- セブン・イレブン・ジャパン…… 80、183
- セブン銀行……………………………… 80

た行

- ダイエー………………………… 86、98
- 大日本印刷……………………………… 123
- デービット・ハフ……………………… 91
- 凸版印刷………………………………… 122
- 豊田自動織機………………… 191、206

な行

- 西鉄ストア………… 74、84、231、240
- ニトリ…………………………………… 230
- 日本マクドナルド……………………… 182

は行

- フィリップ・コトラー………… 104、151
- プラネット……………………………… 212
- プロクター・アンド・ギャンブル…… 209
- 平和堂…………………………………… 212
- ボン・マルシェ………………………… 78

ま行

- マイケル・E・ポーター………………… 30
- マキオ……………………………… 38、48
- 三越……………………………………… 78
- 三越伊勢丹ホールディングス………… 146
- 三菱食品………………………………… 212
- モスフードサービス…………………… 182

や・ら行

- ヤオコー………………………………… 135
- ヤフー…………………………… 62、72
- ユニクロ…………………… 14、82、83
- ライリー………………………………… 91

楽天	62、72
ロイヤルホールディングス	182
ローソン	86、227

英字

GAP	14
J.W. フォレスター	208
TCGF	215
TSUTAYA	153

事 項 索 引

あ行

預かり在庫	165
委託方式	23
一般用医薬品	20
イノベーション理論	12
インストア・マーチャンダイジング	124
売上 ABC 分析	170
売り場生産性	36
営利流通経路	16
エンド	129
オープン価格制度	54
オムニチャネル	178
卸売業	19

か行

買上個数	137
買上率	137
改正都市計画法	94
カイゼン	190、206
買取方式	23
開放商圏	88
買回品	11、24、117
価格弾力性	112
カテゴリー・マネジメント	43、102
完全機能卸	199
カンパニー制	184
慣用分類	10
機能別組織	185
客単価	136
キャッシュフロー計算書	68
キャリア	200
狭義の意味での流通業	40
業種	41
業種店	82
競争戦略	30
業態	41
業態店	83
グルーピング	140
クレーム情報	149
クレンリネス	188
グローバル化	223
クロス・マーチャンダイジング	102
クロスドック	160
限定機能卸	199
広義の意味での流通業	40
広告・チラシ	126
高度分業社会	4
小売業専用センター	160
小売店着価格	168
小売店着価格制度	55
ゴーイング・コンサーン	45

コーザルデータ ………… 173、194、213、226	商品の定義 …………………………… 104
ゴールデンゾーン …………………… 141	商品補充 ……………………………… 166
コールドチェーン …………………… 17	正札政策 ……………………………… 114
顧客識別マーケティング …………… 150	商物一致型システム ………………… 53
顧客志向 ………………………… 44、45	商物分離型システム ………………… 53
顧客データ ……… 90、153、173、194、226	情報機能 ……………………………… 6
顧客別組織 …………………………… 185	賞味期限 ……………………………… 50
	商流 ………………………… 5、6、40、52

さ行

	ショールーミング …………………… 178
サードパーティ・	ショッピングバスケット分析 ……… 153
マーチャンダイジング ……………… 194	人口減少社会 ………………………… 26
サードパーティ・ロジスティクス …… 194、201	スーパーバイザー …………………… 81
在庫データ ………………… 194、213、226	スーパーマーケット検定 …………… 236
先入先出し …………………………… 167	スペース・マネジメント …………… 136
サプライチェーン・マネジメント …… 208	生産志向 ……………………………… 44
産業財 ………………………………… 10	製造小売業 ………………… 14、23、24
三段階建値制度 ………………… 54、168	制度分類 ……………………………… 10
仕入データ …………………………… 164	製品ライフサイクル ………………… 106
事業部制 ……………………………… 184	セグメンテーション ………………… 151
実地棚卸 ……………………………… 163	専業店 ………………………………… 82
自動発注 ……………………………… 225	センターフィー ……………………… 158
視認率 ………………………………… 137	専門店 ………………………………… 83
社会志向 ………………………… 44、45	専門品 …………………………… 11、24
習慣価格政策 ………………………… 115	ゾーニング …………………………… 141
集中貯蔵の原理 ……………………… 203	損益計算書 …………………………… 68

た行

需給結合機能 ………………………… 6	ターゲティング ……………………… 151
上位集中度 …………………………… 65	大規模小売店舗法 …………………… 94
消化仕入方式 ………………………… 165	大規模小売店舗立地法 ………… 94、182
消化方式 ……………………………… 23	貸借対照表 …………………………… 68
商業統計調査 ………………………… 8	大店法 ………………………………… 94
商圏 …………………………………… 88	大店立地法 …………………………… 94
消費期限 ……………………………… 50	タイムセール ………………………… 113
消費財 ………………………………… 10	ダイレクトメール …………………… 127
消費生活アドバイザー ……………… 238	
商品計画 ………………………… 100、102	

立寄率 ………………………… 137	バイヤー ……………………… 42
ダブルチョップ ……………… 99、108	バイングパワー ………………… 15
段階価格政策 …………………… 115	端数価格政策 …………………… 115
単体決算 ………………………… 68	パナー指数 ……………………… 88
単品管理 ……………………… 38、48	ハフモデル ……………………… 91
チェーンストア ………………… 76	バラエティーシーキング …… 105、180
チャネルキャプテン ………… 53、64	販売経路 ………………………… 16
中小企業診断士 ………………… 237	販売士検定試験 ………………… 236
中心市街地活性化法 …………… 94	販売志向 ………………………… 44
直接取引 ………………………… 222	ファイブフォース分析 ……… 30、232
通路順別カテゴリー一括納品 … 166	フェイシング …………………… 142
定期発注方式 …………………… 162	フェイス効果 …………………… 142
定量発注方式 …………………… 162	フォワーダー …………………… 200
デシル分析 ……………………… 155	不確実性プールの原理 ………… 203
デモ販 …………………………… 131	プッシュ ………………………… 124
電子データ交換 ………………… 177	プッシュ型マーケティング …… 44
店舗形態 ………………………… 66	物流機能 ………………………… 6
動線長 …………………………… 136	物流子会社 ……………………… 201
登録販売者 …………………… 20、238	物流条件の引下げ ……………… 225
特約店制度 ……………………… 54	プライスゾーン ………………… 116
取引依存度 ……………………… 64	プライスポイント ……………… 117
取引制度 ………………………… 118	プライスライニング …………… 116
取引総数単純化の原理 ………… 202	プライスライン ………………… 116
	プライスライン政策 …………… 117
な 行	プライベートブランド ………… 105
仲卸売業 ………………………… 19	プラネット ……………………… 212
ナショナルブランド …………… 105	プラノグラム …………………… 140
二次卸 …………………………… 196	フランチャイズ ………………… 65
人時 ……………………………… 186	フランチャイズ・チェーン … 81、185
人時生産性 ……………………… 186	ブランド ………………………… 104
値入高 …………………………… 69	ブルウィップ効果 ……………… 208
値入率 …………………………… 69	プル型マーケティング ………… 45
	プロモーション ………………… 124
は 行	閉鎖商圏 ………………………… 88
バーコード ……………………… 173	ポイント ………………………… 128

ポジショニング	151
補助的機能	6
ボランタリー・チェーン	65、185

ま行

マーケティング志向	44
マーチャンダイジング・サイクル	100
マス・マーケティング	150
ミール・ソリューション	134
名声価格政策	115
メニュープライシング	195、209
最寄品	10

や・ら行

薬事法	20
薬局医薬品	20
優良顧客	156、180
預託在庫	165
ライリーの法則	91
リテールサポート	32、204、216、226
流通BMS	174
流通機能	6
流通経路	16
流通システム	16
レイバー・スケジューリング・プログラム	186
連結決算	68
ロスリーダー・アイテム	113、180
ロスリーダー価格	113

英字

CPFR	211
DC	160
ECR	210
EDI	174
EDLC	110
EDLP	110
EDLP政策	113、225
EOS	174
FFP	152
FSP	152、154
Hi-Low政策	113
ID付きPOSデータ	90、213
ITFコード	176
OEM	105
PEST分析	28、232
POP	130
POSシステム	172
POSデータ	90、152、153、164、194、226
QR	24、210
SERVQUALモデル	148
SPA	14、23、24、83
SWOT分析	34、232
TC	160
20・80の法則	154、170
3C分析	32、232
3PL	194、201
3PMD	194
3分の1ルール	51、53、60

著者略歴

寺嶋　正尚（てらしま　まさなお）

産業能率大学・経営学部・准教授。
博士（経営学、筑波大学）。
公益財団法人・流通経済研究所等を経て 2008 年より現職。
日本物流学会・理事。
主要書籍に『事例で学ぶ物流戦略』（単著、白桃書房、2010 年）、
『海外市場開拓のビジネス』（共著、白桃書房、2009 年）、
『卸売が先進企業になる法』（共著、日刊工業新聞社、2008 年）など。

ケースでわかる **流通業の知識**　　〈検印廃止〉

著　者	寺嶋 正尚	
発行者	坂本 清隆	
発行所	産業能率大学出版部	
	東京都世田谷区等々力 6-39-15　〒158-8630	
	（電話）03（6432）2536	
	（FAX）03（6432）2537	
	（振替口座）00100-2-112912	

2014年8月29日　初版1刷発行
2024年9月1日　　6刷発行

印刷所　日経印刷　製本所　日経印刷

（落丁・乱丁はお取り替えいたします）　　ISBN 978-4-382-05710-4
無断転載禁止